# LES
# MOHICANS
## DE PARIS

PAR

**ALEXANDRE DUMAS**

7

PARIS
ALEXANDRE CADOT, ÉDITEUR
37, rue Serpente
—
1855

# LES MOHICANS DE PARIS

## Ouvrages de George Sand.

| | |
|---|---|
| Adriani . . . . . . . . . . . . . . . | 2 vol. |
| Mont-Revêche . . . . . . . . . . . | 4 vol. |
| La Filleule . . . . . . . . . . . . . | 4 vol. |
| Les Maîtres Sonneurs . . . . . . . | 4 vol. |
| François le Champi . . . . . . . . | 2 vol. |
| Piccinino . . . . . . . . . . . . . . | 5 vol. |
| Le Meunier d'Angibault . . . . . . | 3 vol. |
| Lucrezia Floriani . . . . . . . . . . | 2 vol. |
| Teverino . . . . . . . . . . . . . . | 2 vol. |
| La Mare au Diable . . . . . . . . . | 2 vol. |

## Ouvrages de Paul Duplessis.

**Les grands jours d'Auvergne.**
| | |
|---|---|
| Première partie, *Raoul Sforzi* . . . . . . . | 5 vol. |
| Deuxième partie, *Le gracieux Maurevert* . . . | 5 vol. |

**Les Étapes d'un Volontaire.**
| | |
|---|---|
| Première partie, *Le Roi de Chevrières* . . . . | 4 vol. |
| Deuxième partie, *Moine et Soldat* . . . . . . | 4 vol. |
| Troisième partie, *Monsieur Jacques* . . . . . | 4 vol. |
| Le Capitaine Bravaduria . . . . . . . . | 2 vol. |
| La Sonora . . . . . . . . . . . . . . | 4 vol. |

### Sous presse :

Les Pervertis.
Un monde inconnu.
Le Grand-Justicier du roi.

## Ouvrages de Paul de Kock.

| | |
|---|---|
| Un Monsieur très tourmenté . . . . . . | 2 vol. |
| Les Étuvistes . . . . . . . . . . . . | 8 vol. |
| La Bouquetière du Château-d'Eau . . . | 6 vol. |

# LES
# MOHICANS
## DE PARIS

PAR

**ALEXANDRE DUMAS**

7

PARIS
ALEXANDRE CADOT, ÉDITEUR
37, rue Serpente.

1855
1854

# I

**La possession.**

A partir de ce jour, Orsola exerça sur tout mon être une telle fascination, que je perdis peu à peu l'empire de moi-même, et qu'au bout de quelques semaines, je lui appartins corps et âme; grâce à cette prodigieuse influence conduite avec une prodigieuse adresse, je me trouvai peu à peu entraîné à lui obéir, après avoir perdu, depuis quelque temps déjà, l'habitude de lui commander.

Encore, si j'eusse eu conscience de cette ignominie ; si, une seule fois, l'idée me fût venue de ronger les mailles du filet dans lequel j'étais enveloppé ! Mais non, les mailles du filet me semblaient d'or, et la certitude où j'étais d'y vivre librement, m'ôtait même jusqu'au désir de lui échapper.

C'est ainsi que je vécus près de deux ans, dans ce bagne qui me semblait un palais, dans cet enfer qui me paraissait un Eden : perdant peu à peu, dans les enivrements où me plongeait l'amour de cette femme, tout ce que le ciel avait mis en moi de pensées honnêtes, d'instincts vertueux.

Si j'eusse vu où elle voulait me conduire, peut-être eussé-je résisté ; mais j'avançais, la main sur les yeux, et ayant perdu la conscience et du chemin que je faisais, et du but vers lequel on m'entraînait.

J'avais bien, de temps en temps et comme par instinct, quelques symptômes alarmants qui me faisaient jeter comme un cri de détresse, quelques restes de vergogne qui me faisaient faire comme une objection de honte; mais Orsola avait d'irrésistibles consolations pour ces alarmes passagères, de mystérieux assoupissements pour ces réveils de conscience.

J'étais, en un mot, sous ce charme puissant, invincible, secret, que subissaient, dit l'antiquité, les malheureux qui tombaient au pouvoir de l'enchanteresse Circé.

C'est qu'en effet, cette femme était une magicienne dans l'art d'aimer; elle savait faire de ses caresses des philtres enivrants, dans lesquels on retrouvait des forces sans cesse renaissantes. De quelle plante composait-elle ses breuvages ? Quelle parole prononçait-elle dessus? A quel jour du mois, à quelle heure de la nuit, sous l'invocation de quelle luxurieuse divinité les préparait-elle? c'est ce que j'ignore, mais ce que je sais, c'est que je les épuisais avec délices.

Et ce qu'il y avait de dangereux surtout, c'est qu'elle donnait à mon esclavage l'extérieur de la puissance; à ma faiblesse, l'apparence de la force; gouverné par elle, j'étais resté, à mes yeux, l'homme fort de ma propre volonté.

C'était son art, son art suprême, de me faire vouloir ce qu'elle voulait; de sorte qu'en commandant, elle avait l'air d'obéir.

Lorsque j'en fus arrivé à ce point, ne voulant pas tout d'abord me faire sentir un joug, qu'un reste de dignité humaine m'eût sans doute porté à secouer, elle essaya de son pouvoir sur des choses sans importance; elle eut des caprices exagérés, pour la satisfaction de caprices insignifiants. Elle demandait en riant avec doute, présentant elle-même sa requête comme inacceptable et monstrueuse, ayant l'air de ne pas comprendre que je pusse satisfaire à certaines fantaisies, condescendre à certaines volontés, tandis que, grâce aux hésitations dont elles étaient entourées, ces volontés, ces fantaisies, au lieu de me paraître exorbitantes, me semblaient les plus naturelles du monde; enfin, c'était une de ses tactiques, et ce n'était pas la moins habile, de donner toute l'importance à la forme de la demande, afin d'en amoindrir le fond.

Elle s'assura pendant ces deux années de sa puissance de domination sur moi, et au bout de ces deux ans, commença de se sentir maîtresse absolue de ma volonté.

Quelquefois, cependant, me sentant peu à peu enlacé par la voluptueuse couleuvre, je me demandais quel était son but, et son but alors me paraissait le désir de devenir un jour ou l'autre ma femme; et, je dois le dire, cette pensée ne m'effrayait pas le moins du monde. Qu'étais-je donc pour me croire plus qu'elle ? Un paysan de nos montagnes, comme elle en était une paysanne. J'étais plus riche qu'elle, mais c'était un hasard, un accident qui m'avait fait riche ; mais elle, elle était plus belle que moi, et c'était Dieu qui l'avait faite plus belle. Puis, si j'apportais en dot la fortune, n'apportait-elle pas, elle, le bonheur, le plaisir, la volupté ; la volupté, que j'en étais arrivé à considérer comme le seul but de l'existence, comme le seul bien de la création.

C'était donc elle, à tout prendre, qui donnait, et moi qui recevais.

Dès que je crus avoir entrevu le but de

mes désirs, et que le but ne me parut pas exagéré, de même que je lui avais abandonné la partie matérielle de mon être, je lui abandonnai la partie pensante. Je lui racontai les chagrins que m'avait causés mon premier mariage, chagrins auxquels elle parut prendre le plus vif intérêt, mais sans saisir même cette occasion de me dire qu'un second mariage plus heureux pouvait les faire oublier.

Cette abnégation m'enhardit : c'était donc moi qu'elle aimait ? moi seul, et non la fortune que je pouvais lui offrir, non pas la position que je pouvais lui donner. Je la fis entrer dans ma vie entière, je la mis de moitié dans mes plus chers intérêts, je la fis dépositaire de mes plus secrètes espérances ; je ne voyais, je ne pensais, je ne parlais, je ne respirais que par elle.

Ce fut moi qui alors lui laissai soupçonner, lui fis entendre qu'elle pouvait tout me demander; mais elle ne parut ni désirer, ni comprendre ce que j'avais cru l'objet de son ambition.

Cependant, un jour devait venir où elle ferait l'essai de sa puissance, où elle manifesterait énergiquement sa volonté.

Ce jour vint.

Nous avions pour jardinier un vieillard,

père et grand'père d'une douzaine d'enfants, et cultivant les jardins du château depuis trente ou quarante ans peut-être.

D'abord, j'ignorais ce qui poussait Orsola contre lui; je le compris plus tard.

Elle commença par me dire du mal de ce pauvre homme, que tout le monde aimait, excepté elle; il n'y avait point de jour, à son avis, qu'il ne lui fît quelque observation désagréable, quelque réponse impertinente; enfin elle aboutit, au bout d'une semaine de plaintes, à me demander son renvoi.

La chose me parut tellement injuste,

que j'essayai de résister, lui objectant que personne n'ayant à se plaindre de cet homme, il n'y avait point de prétexte à le renvoyer; qu'il y avait d'ailleurs inhumanité à chasser un vieillard, qui était là depuis quarante ans.

Elle insista avec une obstination qui était tellement hors de ses habitudes, qu'elle me surprit; mais, sur mon refus réitéré, elle alla s'enfermer dans sa chambre, dont elle ne sortit point pendant deux jours; et où, pendant deux jours, malgré mes supplications et mes prières, je ne pus entrer.

Alors, après mille combats soutenus

contre moi-même, ne pouvant pas résister à une plus grande privation de celle qui était devenue si nécessaire au côté matériel de ma vie, je résolus lâchement d'aller la trouver pendant la nuit, et de lui accorder sa demande.

— Ah! c'est bien heureux, me dit-elle simplement, sans même me remercier du sacrifice que je lui faisais, et sans paraître avoir remporté une victoire.

Le lendemain, je fis signifier au jardinier qu'il eût à régler le compte de ses gages, et à quitter le château.

Le pauvre homme, en apprenant cette

nouvelle à laquelle il ne s'attendait aucunement, tomba sur un banc de gazon, en murmurant :

— Ah ! mon Dieu ! moi qui croyais finir mes jours ici.

Et il fondit en larmes.

Les enfants, qui couraient après des papillons, virent le vieillard pleurant et lui demandèrent pourquoi il pleurait. Les enfants l'aimaient beaucoup ; il leur mettait de côté ces belles chenilles dont M. Sarranti leur expliquait les métamorphoses ; il leur amorçait leurs lignes quand ils pêchaient dans la grande pièce d'eau ; il leur donnait les premières fraises mûres de ses plates-bandes, les premiers fruits mûrs de ses espaliers.

Les enfants vinrent raconter à M. Sarranti que je chassais leur bon ami Vincent.

M. Sarranti alla lui-même interroger le vieillard, et le trouva dans une profonde désolation.

— Il n'y a, disait le pauvre homme, que les voleurs ou les malfaiteurs que l'on chasse, et je n'ai jamais volé, je n'ai jamais fait de mal à personne.

Puis, il ajoutait à voix basse : Oh ! j'en mourrai de honte !

M. Sarranti crut la chose assez grave pour venir à moi, quoique d'habitude il demeurât complétement étranger aux détails de la maison. A son grand étonnement, je donnai à la chose une gravité qu'elle ne semblait point avoir.

— Ah ! me dit-il, si vous avez d'importantes raisons d'agir ainsi, vous faites bien, mon cher monsieur Gérard ; mais alors, ces raisons, il faut les dire tout haut, les révéler publiquement. Vous qui êtes un homme de jugement, vous ne pouvez point paraître un homme de passion ; vous qui êtes un homme équitable, vous ne pouvez point paraître un homme injuste.

Et, sur ces paroles, ne croyant pas qu'il fût besoin de m'en dire davantage, il sortit.

Il avait raison de penser cela ; je demeurai la conscience troublée, le cœur plein de remords, de me sentir prêt à accomplir une si criante injustice.

Je montai donc chez Orsola et je lui fis part des observations qui m'étaient faites, et de la honte que j'éprouvais.

— Bon ! dit-elle, je croyais que vous

aviez une parole ; mais vous n'en avez point, n'en parlons plus.

— Mais, ma chère enfant, lui répondis-je, tout le monde me blâmera d'avoir, pour plaire à un de tes caprices, accompli une si mauvaise action.

— Qui vous blâmera? M. Sarranti? Que vous importe l'opinion de cet homme qui vient on ne sait d'où, qui complote on ne sait quoi? Tenez, je vous l'ai dit cent fois, vous n'avez d'énergie et de volonté que contre moi.

C'était une des tactiques d'Orsola de me

répéter incessamment que je subissais le pouvoir de tout le monde et que j'échappais à sa seule volonté.

Au bout d'un quart d'heure, convaincu que je faisais un acte du plus libre arbitre, j'allai moi-même remettre au jardinier la somme qu'on lui devait, plus un mois de ses gages, en l'invitant à quitter le château à l'instant même.

Le pauvre vieillard se leva, me regarda un instant pour savoir si c'était bien moi qui lui donnais un pareil ordre, et, les yeux secs cette fois :

— Monsieur, dit-il en prenant les gages

qui lui étaient dus, mais en repoussant le mois de gratification, j'ai commis une faute ou je suis innocent. Si j'ai commis une faute, vous avez raison de me chasser et je n'ai droit à aucune indemnité ; mais si je suis innocent, c'est vous qui avez tort d'exiger que je parte, et aucune indemnité ne peut compenser la douleur que vous me faites.

Puis, me tournant le dos :

—Adieu, monsieur, me dit-il, vous vous repentirez de votre méchante action.

Je revins au château, et en revenant,

j'entendis le brave homme qui murmurait.

— Oh ! mes pauvres enfants !

— Eh bien, dis-je à Orsola, vous êtes obéie.

— Moi ! et quels ordres ai-je donc donnés ? demanda-t-elle.

— Vous avez donné l'ordre de chasser le jardinier.

— Bon ! fit-elle en riant, est-ce que je donne des ordres ici ?

Je haussai les épaules, car je ne comprenais rien au caprice.

— Et qu'a-t-il dit? demanda-t-elle.

— Il a dit, répondis-je d'une voix altérée, il a dit : O mes pauvres enfants !

— De sorte ?

— De sorte que pour la première fois de ma vie, répondis-je, j'éprouve quelque chose qui ressemble à du remords.

— S'il en est ainsi, mon ami, vous qui avez l'esprit si juste et le cœur si bon, c'est qu'en effet, à mon instigation, vous avez fait une action mauvaise.

Et comme j'étais assis dans un fauteuil, la tête dans mes mains, et qu'aux paroles qu'elle venait de prononcer, je relevai la tête, je la vis venir à moi, se mettre à genoux devant moi, et de sa plus douce voix, dans cette langue du pays qui avait une si merveilleuse influence sur mon cœur :

— Mon ami, me dit-elle, je te demande pardon de ma méchanceté ; j'ai failli vous rappeler tout à l'heure, mais vous étiez déjà trop loin.

J'étais au comble de l'orgueil.

— Non, Orsola, lui dis-je, vous n'êtes point méchante.

— Si j'avais su que le départ de ce jardinier pût vous causer un chagrin réel, je ne l'eusse jamais demandé.

— Consentiriez-vous donc à ce que je le rappelasse? demandai-je vivement.

— Mais sans doute, puisque je vous dis que j'ai maintenant autant de chagrin que vous de son départ.

— Oh! Orsola! m'écriai-je, que tu es bonne!

Et je me levai, prêt à courir après le vieillard.

— Non, c'est moi qui suis la cause du chagrin de ce brave homme, c'est à moi de réparer le mal que j'ai fait.

Et, me forçant à rester dans la chambre, elle courut annoncer au vieillard qu'il était rentré en grâce auprès de moi.

C'est tout ce qu'elle voulait, seulement le bonhomme crut toujours que c'était moi qui avais décidé son renvoi, et que c'était Orsola qui avait obtenu sa grâce.

Tout demeura pendant trois ou quatre mois dans le *statu quo*.

Seulement, ces trois ou quatre mois furent employés à un prodigieux travail, dont je ne me rendis compte que plus tard.

Comme tous les homme du midi, j'étais naturellement sobre; la faim et la soif, jusqu'à l'âge de quarante ans, avaient été pour moi un besoin à accomplir, mais non un plaisir à satisfaire : mais, peu à peu, conduit à la fatigue par l'excès du plaisir, Orsola me poussa à demander à l'ivresse ses énervantes excitations.

Comme ces animaux féroces dont on fait exhibition sur les théâtres, et dont les maîtres appauvrissent les forces au moyen de secrets étrangers et connus d'eux seuls, Orsola appela à son secours les spécifiques les plus pernicieux, les breuvages les plus stupéfiants.

L'absinthe et le kirsch, ces deux poisons terribles, pris à une certaine dose, devinrent mes liqueurs de prédilection; et l'on pouvait reconnaître le matin, à mes yeux hagards et hébétés, à quelle honteuse orgie j'avais passé une partie de mes nuits.

Le matin, il me restait comme un souvenir vague de rêves dans lesquels le sensualisme était poussé jusqu'à la douleur; puis il me semblait toujours, comme on se souvient d'un rêve, que pendant la somnolence de l'ivresse, une voix m'avait parlé de désirs mystérieux et terribles.

Ce dont je me souvenais surtout, c'est qu'Orsola se plaignait incessamment de la gouvernante des deux enfants, comme elle s'était plainte du jardinier; ce qui me semblait le matin, c'est que j'avais promis, dans ces moments où il ne me restait plus la force d'une volonté à moi, le renvoi de la pauvre femme.

Puis le matin, au réveil, cette promesse faite la nuit s'en allait comme une fumée elle-même, au milieu des autres fumées de l'ivresse.

Mais, un matin, Orsola aborda cette étrange question :

— Il y a longtemps, dit-elle, que vous me promettez de renvoyer Gertrude et que vous ne le faites pas ; qui vous attache donc si singulièrement à cette femme ?

Je restai tout étourdi. Je n'avais qu'un souvenir vague d'avoir fait cette promesse ; je n'avais aucun motif pour renvoyer Gertrude, caractère inoffensif s'il en fût, et qui, nourrice de ma belle-sœur, adorait ses enfants et en était adorée.

Cette fois je refusai net.

J'eusse été honteux d'arracher à ces pauvres petits êtres, dont je m'occupais à peine et que j'abandonnais complétement aux soins de cette bonne femme, la tendre sollicitude dont, à leur âge, ils avaient si grand besoin.

Alors les persécutions qui avaient eu lieu à l'endroit du jardinier recommencèrent plus incessantes et plus terribles. Chaque nuit, soumis à l'influence fatale du démon qui me possédait, je promettais le renvoi de Gertrude pour le lendemain; chaque matin, je revenais sur ma promesse, et je refusais.

Orsola s'enferma, comme elle avait fait

pour le jardinier, mais je supportai l'épreuve; j'avoue que je n'avais pas encore bu toute honte, au point de braver les reproches de M. Sarranti, de supporter les larmes des enfants.

Cette fois, ce fut Orsola qui revint.

Elle s'était repentie de ce nouveau caprice, et venait me demander pardon.

On devine avec quelle joie ce pardon fut accordé.

Ce retour d'Orsola vers moi coïncidait avec deux circonstances, de l'importance desquelles je ne me rendis compte que plus tard.

La veille, Jean avait demandé un congé de quelques jours, pour aller régler à Joigny une petite affaire de succession.

Le matin, M. Sarranti nous avait prévenu que sa présence était nécessaire à Paris pour deux ou trois jours.

Jean et M. Sarranti éloignés, les seuls personnes qui restassent au château étaient les deux enfants, Gertrude, Orsola et moi.

J'en fis l'observation à Orsola.

— Ne suis-je donc plus votre servante au lit et à la table? répondit-elle.

Et elle accompagna cette réponse d'un regard qui me donnait une idée de la double ivresse qui m'attendait.

La nuit vint : le souper était dressé comme d'habitude dans la chambre d'Orsola. Nous nous enfermâmes vers dix heures.

Jamais bacchante ne poussa son amant à l'ivresse avec de plus ardentes séductions. Il me semblait qu'au lieu de vin, je buvais une flamme allumée au regard de ses yeux.

Vers onze heures, il me sembla entendre des plaintes ; j'en fis l'observation à Orsola.

— Eh bien, dit-elle allez voir qui se plaint.

J'essayai de me lever de ma chaise, mais je n'avais pas fait trois pas que je retombai sur un fauteuil.

— Tenez, dit-elle, buvez ce dernier verre de vin, pendant que j'y vais aller à votre place.

Il arrivait un moment où je ne savais

plus faire que ce que me disait Orsola. Je vidai le verre jusqu'à la dernière goutte.

Alors ce fut elle qui se leva et sortit.

Je ne sais combien de temps elle resta ; j'étais tombé dans cette somnolence de l'ivresse qui nous isole entièrement de ce qui nous entoure.

J'en fus tiré par le contact d'un verre que l'on approchait de mes lèvres.

J'ouvris les yeux et je reconnus Orsola.

— Eh bien ? lui demandai-je, conservant un vage souvenir des plaintes que j'avais entendues.

— Oh ! dit-elle, c'est Gertrude qui est bien malade.

— Gertrude malade ! balbutiai-je.

— Oui, dit Orsola, elle se plaint de crampes d'estomac, et ne veut rien prendre de ma main ; vous devriez descendre et la faire boire vous-même. Ne fût-ce qu'un verre d'eau sucrée.

— Conduis-moi, dis-je à Orsola.

Alors, je me souviens que je descendis

l'escalier, qu'Orsola me conduisit dans une antichambre, qu'elle me fit sucrer un verre d'eau avec du sucre en poudre, et que, me poussant dans la chambre de la malade.

— Allons, portez-lui cela, dit-elle, et tâchez de ne pas lui laisser voir que vous êtes ivre.

En effet, honteux moi-même de l'état dans lequel je me trouvais, je rappelai toute ma raison, et, marchant vers le lit de Gertrude d'un pas assez ferme :

— Tenez, ma bonne Gertrude, lui dis-je, buvez ce verre d'eau, cela vous fera du bien.

Gertrude fit un effort, allongea le bras et vida le verre.

— Oh ! dit-elle, monsieur, toujours le même goût. Monsieur ! monsieur ! Un médecin ! Monsieur, je suis sûre que je suis empoisonnée !

— Empoisonnée ! répétai-je en regardant avec terreur autour de moi.

— Oh ! monsieur, au nom du ciel ! monsieur, au nom de votre pauvre frère, un médecin, un médecin !

Je sortis effrayé.

— Tu entends? dis-je à Orsola, elle dit qu'elle est empoisonnée, et elle demande un médecin.

— Eh bien! dit Orsola, courez jusqu'à Morsang, et ramenez M. Rousin.

C'était, en effet un vieux médecin qui venait quelquefois dîner avec nous, lorsque ses courses le conduisaient du côté du château.

Je pris mon chapeau et ma canne.

— Voyons, dit Orsola, un dernier verre

de vin; il fait froid, et vous avez deux lieues à faire.

Et elle me présenta un breuvage qui, quelque habitué que je fusse aux liqueurs les plus fortes, me brûla l'estomac comme si j'avais avalé du vitriol.

Je sortis, je traversai le jardin, je gagnai la porte de la campagne à grand'peine; mais à peine eus-je fait deux cents pas sur la route de Morsang, que je vis les arbres tourner, que le ciel me sembla couleur de feu, et que, la terre se dérobant sous mes pieds, je tombai sur le revers du chemin.

Le lendemain, je me retrouvai dans mon

lit; il me semblait que je sortais d'un cauchemar horrible.

Je sonnai.

Orsola accourut.

— Est-il vrai, ou ai-je rêvé que Gertrude était morte ?

— C'est vrai, dit-elle.

— Mais, ajoutai-je, hésitant, morte empoisonnée ?

— Ceci, c'est possible.

— Comment, c'est possible ! m'écriai-je.

— Oui, dit Orsola ; seulement, il ne faut pas le dire, attendu que, comme elle n'a rien pris que de ma main et de la vôtre, on pourrait dire que c'est nous qui l'avons empoisonnée.

— Et pourquoi dirait-on cela ?

— Dame ! répondit tranquillement Orsola, le monde est si méchant.

— Mais enfin, il faudrait donner une raison à ce crime, dis-je tout épouvanté.

— On en trouverait une

— Laquelle ?

— On dirait que vous vous êtes d'abord débarrassé de la gouvernante, pour vous débarrasser ensuite plus facilement des enfants dont vous devez hériter.

Je jetai un cri et cachai ma tête sous mes draps.

— Oh ! la malheureuse ! murmura le moine.

— Attendez ! attendez ! dit le mourant,

vous n'êtes point au bout ; seulement ne m'interrompez pas, je me sens bien faible.

Frère Dominique écouta, la poitrine haletante, le cœur serré.

M. Gérard continua.

La mort de Gertrude n'éveilla aucun soupçon, mais seulement une grande douleur.

Les enfants surtout étaient inconsolables.

Orsola avait essayé de remplacer Gertrude près d'eux, mais ils l'avaient en horreur.

La petite Louise surtout ne pouvait pas la voir.

J'étais tombé dans une mélancolie profonde ; pendant quatre ou cinq jours, ce fut moi qui me tins enfermé dans ma chambre.

M. Sarranti était revenu, il essaya de me consoler de cet événement ; il comprenait que je regrettasse une bonne et fidèle domestique, mais il ne comprenait rien à un chagrin qui ressemblait presque à du remords.

Il me proposa de reprendre une autre femme pour mettre près des enfants, mais les enfants ne s'en souciaient point ; et craignant l'opposition d'Orsola, j'arguai de leur répugnance, pour ne point remplacer la pauvre Gertrude.

Orsola continuait de mener la maison comme si rien ne fût arrivé, demeurant toujours à la distance qui lui faisait sa position, et ne s'inquiétant pas de moi, comme si elle eût été bien certaine que je ne pouvais lui échapper.

Un jour, je la rencontrai dans un corridor.

— Que feriez-vous donc, me demanda-t-elle en passant, si c'eût été moi qui fût morte, au lieu de Gertrude ?

— Oh ! si c'eût été toi, lui dis-je en retrouvant dans son regard cette flamme qui me faisait vivre en me dévorant ; si c'eût été toi, Orsola, je serais mort à mon tour !

— Eh bien ! puisque ce n'est pas moi, dit-elle, vivons.

Puis avec un sourire de démon :

— Je t'attendrai cette nuit, Gérard, dit-elle en patois.

—Oh! non, certes non, me dis-je à moi-même; non, je n'irai pas.

Mon père, continua le mourant, les naturalistes parlent de la puissance fascinatrice de quelques animaux, et entr'autres du serpent, qui fait tomber de branche en branche l'oiseau du faîte de l'arbre jusque dans sa gueule béante; mon père, le mauvais esprit avait doué cette femme d'une puissance pareille; car, après avoir résisté jusqu'à onze heures du soir, je me sentis invinciblement attiré vers sa chambre, et malgré moi, en résistant, je traversai le corridor et montai marche à marche l'escalier fatal, en haut duquel elle m'attendait.

Je vous ai avoué que le lendemain de ces nuits passées en orgies, je ne conservais qu'une idée confuse de ce que j'avais fait et dit, et de ce qu'on avait fait devant moi ou de ce qu'on m'avait dit.

Il me sembla, le lendemain de cette nuit, qu'il n'avait été question, entre Orsola et moi, que des délices qu'on pouvait se procurer avec une fortune de deux ou trois millions.

En me rappelant, quoique d'une manière confuse, cette conversation, je frissonnai, car je ne pouvais jamais être propriétaire de cette fortune de deux ou trois millions que par la mort des enfants de mon frère.

Et quelle probabilité que Dieu rappelât à lui ces deux beaux enfants, parfumés et frais comme les fleurs et les fruits parmi lesquels ils jouaient.

Il est vrai que cette mort subite de Gertrude m'épouvantait.

Quand de pareilles idées venaient me serrer le cœur, j'allais trouver M. Sarranti, je lui parlais de la première chose venue, puis j'amenais la conversation sur les enfants, et je ne le quittais qu'en lui recommandant de bien veiller sur eux.

Et lui, qui les aimait de toute son âme, me répondait :

— Soyez tranquille, je ne les quitterai jamais, à moins que des circonstances plus puissantes que ma volonté...

Et alors son front s'assombrissait, et l'on eût cru qu'il devinait quelle sinistre défiance, non pas de moi-même, mais des autres, me poussait à lui dire de veiller sur les deux petits êtres qui lui étaient confiés.

Maintenant, mon père, vous dirai-je par quelle suite de séductions infâmes, par quelle suite de monstrueux désirs cette femme finit par m'habituer à cette idée, qu'il pouvait arriver tel accident qui me rendrait propriétaire de cette fortune que je commençais à croire nécessaire à mon bonheur, parce que chaque nuit Orsola me répétait qu'elle était nécessaire au sien ?

Au reste, chose singulière, quoiqu'il n'eût jamais été question de mariage entre Orsola et moi, tout le monde savait si bien à quel point nous en étions, que tous les gens du bas étage, pour faire leur cour à Orsola, l'appelaient madame Gérard.

Il n'y avait pas jusqu'aux enfants eux-mêmes qui n'eussent pris cette habitude.

Ils répétaient ce qu'ils entendaient dire.

C'était bien son intention, j'en suis sûr, à elle aussi, d'être madame Gérard, mais sans doute attendait-elle que ma vie fut liée à la sienne par les chaînes d'une effroyable complicité.

Parfois, dans la journée je tressaillais, tout prêt à jeter un cri de terreur; c'est que de sanglantes pensées, pareilles à des spectres, venaient se dresser devant moi.

Alors, je courais jusqu'à ce que jeusse rencontré quelqu'un.

Si je rencontrais les enfants, je fuyais du côté opposé à celui où je les voyais.

Si je rencontrais M. Sarranti, je lui répétais cette recommandation de bien veiller sur ses élèves et j'ajoutais :

—Je les aime tant, ces pauvres chers enfants de mon bon Jacques !

Ainsi je me rassurais, je me donnais des forces à moi-même, par ces paroles de tendresse prononcées à haute voix.

Puis les nuits venaient, et Pénélope infâme, elle détruisait par ses baisers, ses désirs, ses appétits étranges de volupté inouïe, ce saint et miséricordieux travail que ma conscience avait refait dans la journée.

Mais chaque jour, je dois l'avouer, l'œuvre de la nuit avait moins de peine à détruire le travail du jour.

Enfin, bien que je ne visse que dans un lointain avenir la réalisation de la terrible espérance, je m'habituai peu à peu à regarder les biens de mes neveux comme mes biens, leur fortune comme ma fortune et une fois il m'arrriva de dire devant Orsola :

— Quand je serai riche j'achèterai la propriété voisine.

Or, qui pouvait me rendre riche?

*Un hasard !* C'était Orsola qui appelait la chose ainsi ; un hasard qui me rendrait héritier de la fortune de mes neveux.

Or, mon père, dit le mourant en secouant la tête, qui compte sur le hasard en circonstances pareilles, est bien près de lui venir en aide.

Arrivé à cette partie de sa confession, le visage de M. Gérard était tellement décomposé, que le moine crut devoir l'interrompre, quelque curiosité et quelque intérêt qu'il eût d'entendre la suite des événements dont la série se déroulait devant lui, en s'assombrissant à mesure qu'elle se déroulait.

Le moribond se tut en effet un instant, mais pour rassembler toutes ses forces ; arrivé là de son récit, il semblait aussi désireux de l'achever, qu'il avait été craintif à le commencer d'abord.

Et cependant, sous ce masque livide sur lequel le dominicain arrêtait son regard presque effrayé, il se passait un rude combat ; car le malade reprit sa narration d'une voix si faible, que pour comprendre ce qu'il disait, le moine fut presque obligé de coller son oreille à ses lèvres.

— Sur ces entrefaites, reprit M. Gérard, un incident arriva, que je ne dois point passer sous silence.

La petite fille, qu'on appelait Léonie, était d'une bonté exquise, mais en même temps d'une fierté extraordinaire dans un enfant de cet âge ; habituée, au Brésil, qu'elle avait quitté à l'âge de quatre ans à peine, à être servie par vingt domestiques d'une obéissance passive, d'une soumission absolue, elle s'était accoutumée à commander d'un mot et à être obéie d'un signe.

Plus d'une fois, depuis la mort de Gertrude, elle avait eu à se plaindre d'Orsola, qui, ne cachant point la haine qu'elle avait pour elle, avait apporté dans les soins qu'elle lui donnait, ou une négligence ou une brutalité dont la petite fille s'était aperçue.

Elle s'en était plainte à moi deux ou trois fois ; mais voyant que ses plaintes ne changeaient rien aux façons d'Orsola avec elle, elle s'en était plainte à M. Sarranti, lequel, avec toute la délicatesse possible, m'avait fait comprendre que mon indulgence personnelle pour Orsola ne devait point autoriser celle-ci à oublier que Victor et Léonie étaient les véritables maîtres de la maison.

Un matin que les deux enfants s'amusaient à jeter dans le bassin des pierres que Brésil allait y chercher en plongeant, Orsola se plaignit du mal de tête que lui causaient les aboiements du chien.

En conséquence, elle cria par la fenêtre

aux enfants de cesser leurs jeux, ou du moins d'en adopter un qui n'excitât point les abois de Brésil.

Les enfants regardèrent de qui leur venait ce commandement, et voyant qu'il leur venait d'Orsola, se remirent à jouer.

— Prends garde, Léonie, dit Orsola à la petite fille, qu'elle haïssait tout particulièrement.

— A quoi? demanda l'enfant.

— A me faire descendre; car si tu me fais descendre j'irai te fouetter.

— Ah! par exemple, venez donc ! répondit la petite fille.

— Ah! tu me défies, dit Orsola; attends un peu, je suis à toi.

Et, s'élançant dans le jardin, elle franchit en courant l'espace qui séparait le perron de l'étang, et étendit la main pour saisir l'enfant, qui en la voyant venir, l'avait attendue sans daigner faire un pas en arrière.

Mais au moment où elle allait saisir l'enfant, le chien s'élança et la saisit elle-même au bras.

Orsola jeta un cri terrible, moins de

douleur que de colère. Ce cri, de deux côtés différents, fit accourir deux personnes.

M. Sarranti, qui emmena les enfants.

Le jardinier, qui fit lâcher prise au chien.

Orsola revint et me montra son bras ensanglanté.

— J'espère que vous punirez votre nièce et que vous tuerez le chien, dit-elle.

Peut-être eus-je fait selon son désir;

mais M. Sarranti intervint et m'en empêcha.

Il avait tout vu et tout entendu, et, à son avis, Léonie était innocente.

Quant à Brésil, avec son instinct de serviteur dévoué, il avait défendu sa petite maîtresse, et ne méritait point la mort pour cela.

Je me contentai donc de défendre aux enfants d'aller jouer désormais au bord de l'eau, et d'ordonner que Brésil restât enchaîné dans sa niche.

Quant à Orsola, elle abandonna sa

double idée de vengeance avec une facilité qui m'étonna et m'effraya en même temps.

Je commençais à la connaître et à comprendre qu'elle n'était point femme à pardonner.

Vers ce temps, un événement qui se passa dans la maison vint fatalement fournir à Orsola l'occasion d'accomplir le sinistre projet qu'elle méditait depuis longtemps.

On en était à la moitié du mois d'août 1820.

Depuis trois semaines environ, M. Sarranti avait tout à coup et brusquement rompu avec toutes ses habitudes. Sa vie, jusque-là d'une rigide régularité, était devenue, à mon grand étonnement, une suite d'excentricités qui commençaient à éveiller l'attention des paisibles habitants du village, et particulièrement celle des gens du château.

On venait le chercher au milieu de la nuit, et, partant à l'instant même avec ceux qui venaient le chercher, il disparaissait pendant des journées entières, se contentant de laisser pour moi au valet de pied Jean, dont il avait fait son domestique de confiance, un mot par lequel il m'annonçait son absence, sans la motiver ni en fixer la durée.

D'autres fois, dès les premières lueurs du matin, il entrait en conférence avec des amis de Paris, et s'enfermant avec eux dans sa chambre ou dans le pavillon du parc, il demeurait là refusant de venir déjeûner, et quelquefois même de dîner.

On l'avait rencontré à la brune, causant avec des hommes décorés vêtus de longues redingotes bleues boutonnées jusqu'au menton, et ayant, dans toutes leurs façons, les allures de militaires en habit de ville.

Orsola avait écouté plusieurs fois à la porte de sa chambre, de son cabinet ou du pavillon, essayant de saisir au passage le secret de ces longues, fréquentes et mystérieuses conversations.

Les mots sans suite qu'elle avait entendus pouvaient la mettre sur une trace, mais le peu de liaison de ces mots entre eux, faisait que la trace était bientôt effacée.

Cependant, au nombre des mots saisis par elle, comme les noms du roi Louis XVIII et l'empreur Napoléon revenaient plus fréquemment qu'aucun autre, Orsola n'eut point de peine à deviner qu'il était question d'un complot militaire, ayant pour but de renverser le gouvernement existant et de reconstituer l'Empire.

Je me souviens de la joie diabolique avec laquelle Orsola me fit part de cette découverte. Elle détestait votre père, qui en toute circonstance prenait le parti des enfants, et je ne doute point qu'elle ne l'eût dénoncé à la police, si un projet de toute autre nature ne l'eût absorbée, et si elle n'eût pas vu, avec son effroyable perspicacité, quelque chose qui pouvait servir son dessein à elle, dans les desseins de votre père.

Elle attendit donc le jour, l'heure, le moment d'agir, comme le jaguar accroupi sur une branche attend le moment de s'élancer sur le voyageur.

Il y avait à la fois du serpent et du tigre

dans cette créature patiente et implacable.

Le 18 août, M. Sarranti, qui avait quitté le château pendant la nuit, m'avait prié, par un mot, d'aller moi-même redemander au notaire de Corbeil les cent mille écus que j'avais déposés dans son étude.

Je devais lui demander, pour la plus grande facilité du transport, s'il ne pourrait pas rendre tout ou du moins une partie de la somme en billets de banque.

Dès le matin, je fis mettre le cheval à la voiture et j'allai à Corbeil.

M. Henry n'avait des billets de banque que pour une faible somme ; je rapportais donc les cent mille écus comme je les avais portés, en or.

Dans la journée, il revint, et me fit demander s'il pouvait m'entretenir seul pendant quelques instants.

J'étais avec Orsola.

— Je vais descendre, dis-je à Jean.

— Pourquoi ne faites-vous pas monter M. Sarranti ici ? dit-elle, vous serez mieux pour causer.

— Dites à M. Sarranti qu'il peut monter, répondis-je à Jean.

Puis Jean sortit.

— Veux-tu nous laisser? dis-je à Orsola.

— Vous avez donc des secrets pour moi? demanda-t-elle.

— Non, mais les secrets de M. Sarranti sont à lui et non à moi.

— Avec votre permission, monsieur Gérard, dit-elle, les secrets de M. Sarranti seront à nous ou il gardera ses secrets.

Et à ces mots, au lieu de sortir, elle entra dans un cabinet de toilette, duquel on pouvait entendre tout ce qui se disait dans ma chambre, et s'y enferma à clé.

A peine y était-elle enfermée, que la porte du corridor s'ouvrit et que votre père entra.

J'aurais pu, j'aurais dû l'emmener dans une autre chambre, dans quelque allée déserte du parc, au milieu de la pelouse; mais j'eus peur de ce qui se passerait entre Orsola et moi, lorsque nous nous retrouverions en tête-à-tête.

Aussi, lorsqu'il me demanda:

— Sommes-nous seuls, et puis-je vous parler en toute confiance ?

Je n'hésitai pas à répondre :

— Nous sommes seuls, mon ami, et vous pouvez parler.

— Savez-vous ce que votre père avait à me dire, mon frère ? demanda le malade, et dois-je vous le répéter ?

— Je n'en sais rien, monsieur, répondit Dominique ; lorsque mon père a quitté la France, j'étais au séminaire, il n'eut point le temps de m'y venir dire adieu. J'ai reçu depuis une lettre de lui, daté de Lahore, mais elle avait pour unique but de me rassurer sur sa santé, et de m'envoyer une somme d'argent dont il pensait que je pouvais avoir besoin.

— Je vais donc vous dire, alors, reprit le mourant, quels étaient les projets de votre père, et dans quel complot il était entré.

II

**Le secret de M. Sarranti.**

— Croyez d'abord, mon cher monsieur Gérard, me dit votre père, que tout ce que je vais vous raconter était connu de votre frère dès le premier jour où je le revis; de sorte qu'il savait parfaitement que c'était à un conspirateur qu'il ouvrait sa porte, lorsqu'il me chargea de l'éducation de ses enfants.

Vous connaissez mon nom et mon pays. Je suis Corse, né à Ajaccio la même année que l'empereur. Je lui dévouai ma vie, je le suivis à l'île d'Elbe après l'abdication de Fontainebleau, à Sainte-Hélène après la bataille du mont Saint-Jean.

Un jour, on saura à quel supplice est condamné par les rois, l'homme qui, les uns après les autres, a tenu tous les rois dans ses mains, et la publicité de l'histoire sera le châtiment de ses geôliers et de ses bourreaux.

Aussi, dès le commencement de 1817, fus-je préoccupé, sans en rien dire à l'illustre prisonnier, du soin de le faire évader. Je nouai des intelligences avec un bâtiment américain, qui venait de nous faire passer des lettres de l'ancien roi Joseph, retiré à Boston ; mais l'empereur désapprouva complétement ce que j'avais fait, et me dénonçant lui-même au gouverneur :

— Renvoyez-moi bien vite en France, dit-il, ce gaillard qui veut me faire évader de ce lieu de délices qu'on appelle Sainte-Hélène.

Et il lui répéta dans tous ses détails le

plan d'évasion que je venais de lui révéler.

La grâce qu'il demandait, c'est-à-dire le renvoi en France de l'un de ses fidèles serviteurs, était de celles qu'on est toujours prêt à lui accorder. Aussi, mon départ fut-il fixé au surlendemain, un bâtiment se trouvant en partance pour Portsmouth dans le port de James Town.

J'étais désespéré, croyant avoir encouru la disgrâce de l'empereur, lorsque je reçus par l'entremise du général Montholon, l'ordre de paraître devant lui.

Le général m'introduisit dans sa chambre à coucher, et l'empereur lui fit signe de nous laisser ensemble.

A peine fus-je seul avec lui, que je me jetai à ses pieds, en le suppliant de me pardonner, et de revenir sur la décision qu'il avait prise de m'envoyer en France.

Il me laissa dire, me regardant avec un sourire ; puis, me prenant par l'oreille.

— Niais, dit-il ; allons, relève-toi.

Ces paroles étaient si éloignées des reproches que je m'attendais à recevoir, que je me relevai tout étourdi.

— Je ne te pardonne pas, me dit-il, attendu que je n'aurais à te pardonner que ta trop grande fidélité et ton trop grand dévoûment, et qu'on ne pardonne pas ces choses-là, vilain Corse ; on s'en souvient.

— Eh bien ! alors, sire, au nom du ciel ! m'écriai-je, ne m'éloignez pas de vous.

— Sarranti, me dit l'empereur en me regardant fixement, j'ai besoin de toi en France.

— Oh ! alors, sire, m'écriai-je, c'est autre chose ; et, quelque désir que j'aie de rester près de vous, je suis prêt à partir à l'instant même.

— Écoute, me dit l'empereur, car les choses que je vais te confier sont graves ; j'ai encore des partisans en France.

— Je crois bien ! sire, vous avez un peuple tout entier.

— Quelques-uns de mes vieux généraux conspirent mon retour.

— Oh ! sire, en effet, pourquoi ne vous reverrions-nous pas encore sur le trône ? vous êtes bien revenu de l'île d'Elbe.

— On ne récrit pas une seconde page comme celle-là dans une vie comme la

mienne, me répondit l'empereur en secouant la tête ; d'ailleurs, j'ai l'idée que,
pour l'avenir du monde, mieux vaut que
je meure ici, et que l'empereur des peu-
ples ait sa passion et son Golgotha comme
Jésus-Christ. Ma mort sera belle, Sarranti,
et je ne veux pas manquer ma mort.

Et il me disait ces paroles avec le même
regard de triomphe qu'il dictait la paix
après Marengo, Austerlitz ou Wagram.

A Sainte-Hélène, il avait retrouvé son
génie, un instant perdu ; comme après la
sueur de sang, qui lui avait rappelé un
instant qu'il était homme, Jésus-Christ
s'était de nouveau senti le fils de Dieu.

— Que dois-je donc faire, sire? lui répondis-je; et pourquoi ne permettez-vous pas que, comme un autre Simon de Cyrène, je reste ici pour vous aider à porter votre croix!

— Non, dit l'empereur; je te l'ai dit, Sarranti, j'ai besoin en France d'un homme qui aille dire à ceux de mes braves lieutenants qui ne se sont pas prostitués ni aux Bourbons, ni à l'étranger, aux Clausel, aux Bachelu, aux Gérard, aux Foy, aux Lamarque, de ne plus penser à moi.

— Sire, pourquoi?

— Parce que moi, comme les anciens empereurs romains, je suis passé dieu ; et que, du haut de mon ciel de flamme, je les regarde. Tu iras les trouver de ma part, et tu leur diras : « Ne songez plus à l'empereur que pour penser qu'il vous aime et qu'il vous encourage : mais il a un fils que l'on élève peut-être à le haïr, à coup sûr à le méconnaître ; pensez à ce fils ! »

— Oh ! sire, oui, oui, je leur dirai cela.

— Seulement, ne compromettez son enfance que dans un complot où vous soyez certains de réunir. Rappelez-vous ce qu'on a fait des Astianax et des Britannicus, le jour où l'on a supposé qu'ils pouvaient devenir dangereux.

— Oui, sire, oui, je leur dirai cela.

— Explique-leur bien que c'est ma volonté suprême, Sarranti, mon testament politique ; dis-leur que j'ai bien sérieusement et pour toujours abdiqué, mais addiqué en faveur de mon fils.

— Je le leur dirai, sire.

— Écoute, Sarranti, voici un détail qui pourra être, à ceux qui essaieront de l'enlever de Vienne, de quelque utilité.

— J'écoute, sire.

— Mon fils habite à une lieue de Vienne le même château que j'ai habité deux fois, une fois en 1805, après Austerlitz, une fois en 1809, après Wagram ; cette seconde fois, j'y restai près de trois mois.

Il en habite l'aile droite, que j'avais choisie pour mon habitation intime. Qui sait ? chose étrange ! sa chambre à coucher est peut-être la mienne ; il faudrait s'informer de cela.

— Oui, sire.

— Voilà pourquoi : c'est qu'ennuyé d'avoir à traverser les appartements et les antichambres toujours remplis de courtisans ou de solliciteurs, pour descendre dans les magnifiques jardins où j'aimais à me promener dès le matin et quelquefois assez avant dans la nuit, j'avais fait, non pas même par l'architecte du palais, mais par mes officiers du génie, ouvrir une porte secrète et établir un escalier dérobé. La porte donnait dans mon cabinet de toilette. l'escalier dans une espèce d'orangerie; en poussant un bouton caché dans la monture d'une glace; la glace rentrait dans le lambris et démasquait l'ouverture. Eh bien, Sarranti, tu comprends, si mon fils est gardé à vue, par là peut-être pourra-t-il fuir, rejoindre ceux qui l'attendront dans le parc, gagner la frontière avec eux.

— Oh! oui, sire, je comprends.

— Écoute, voici un plan du château de Schœnbrunn, que j'ai fait moi-même cette nuit; l'aile du château que j'habitais y est rappelée dans tous ses détails; la chambre à coucher, le cabinet de toilette, les voilà; la moulure qu'il faut pousser, en voilà le dessin. Ce plan est signé de moi, cache-le avec soin aux espions anglais. Il sera ton signe de reconnaissance.

— Oh! soyez tranquille, sire, il faudra me tuer pour me le prendre.

— Tâche de rester vivant et qu'on ne te le prenne pas, cela vaudra mieux. Attends, ce n'est point tout.

L'empereur alla à une cassette placée sous le pied de son lit, et qui contenait un million en or; il y prit trois cent mille francs et me les donna.

— Que voulez-vous que je fasse de cet argent? lui demandai-je.

— Oh! soyez tranquille, monsieur le Corse, ce n'est pas à vous que je le donne; je vous le confie, entendez-vous bien, maître Cincinnatus, pour les besoins de la cause, vous l'emploierez comme vous le jugerez convenable; ce n'est pas grand'chose que cent mille écus dans les mains d'un imbécille, c'est un trésor dans celles d'un homme intelligent.

J'ai fait ma première guerre d'Italie avec deux mille louis que j'avais dans le coffre de ma voiture, et en arrivant au quartier, j'ai distribué quatre louis à chaque général.

— Sire, l'emploi de l'argent sera fait, non point par la main d'un homme de génie, mais par la main d'un honnête homme.

— Si tu étais obligé de fuir, écoute bien ceci, Sarranti.

J'écoutai.

— Il me serait agréable que tu cherchasses un refuge dans l'Inde; là tu trouverais, près de Runjeet Sing Bahadour, mahradja de Lahore et de Cachemire, un de mes plus fidèles serviteurs, le général Lebastard de Prémont.

— Oui, sire.

— Je l'y avais envoyé en 1812, pour voir si, au moment où je faisais la guerrre à l'Angleterre, en tentant l'Orient par le nord, comme en 1798 je l'avais fait en tentant l'Orient par l'Egypte, il ne pouvait pas faire une autre révolte de Chandernagor, et de Runjeet Sing un Tippoo-Saïb plus heureux.

Nos désastres sont venus, j'ai détourné mes regards de l'Inde, mais, depuis que je suis ici, j'ai reçu des nouvelles de mon fidèle envoyé; entré au service du prince indien, il ne s'en tient pas moins à ma disposition.

Si donc tu étais obligé de fuir, Sarranti, fuis dans cette vieille nourrice du genre humain qu'on appelle l'Inde; partage ce qui te restera, quelle que soit la somme, avec lui; il n'était pas riche, et il doit avoir laissé en France une petite fille de l'éducation de laquelle je devais me charger, si je fusse resté empereur.

Voilà, mon cher Sarranti, pourquoi je

t'ai dénoncé, pourquoi je te chasse, pourquoi je demande que l'on te renvoie en Europe, et cela le plus tôt possible. Entends-tu, traître ?

Ainsi, que je n'entende plus parler de toi que lorsque tu seras là-bas.

Et l'empereur me tendit sa main que je baisai.

Le surlendemain, je partis.

J'arrivai en France. Je n'ignorais pas que, comme tous ceux qui venaient de Sainte-Hélène, j'allais être soumis, de la part de la police, à une sévère investigation.

On me savait sans fortune; les cent mille écus que je rapportais pouvaient exciter des soupçons.

Je vins trouver votre frère, je lui dis tout.

Il me nomma professeur de ses enfants et m'autorisa à m'adresser à vous pour le placement des cent mille écus.

Vous savez ce qui passa entre nous à ce sujet.

Maintenant, depuis quatre ans que je suis revenu de Sainte-Hélène, j'attends une occasion de servir l'empereur selon ses désirs.

Une conspiration est organisée, qui doit éclater demain; je ne puis pas vous dire quels sont les chefs du complot, leur secret n'est pas le mien.

Ce que je puis vous affirmer, c'est que les plus illustres noms de l'Empire vont tenter demain la ruine du gouvernement des Bourbons.

Maintenant, réussirons-nous, ne réussirons-nous pas?

Si nous réussissons, nous n'avons rien à craindre, nous sommes les maîtres.

Si nous échouons, l'échafaud de Didier nous attend.

Voilà pourquoi je vous ai prié de retirer les cent mille écus des mains de votre notaire, d'avoir du papier s'il était possible, au lieu d'or.

Maintenant, craignez-vous d'être compromis? Je commence par vous dire que vous ne pouvez l'être ; alors, aujourd'hui je vous écris que des affaires importantes me forcent à me séparer de vous, et la conspiration échouant, demain je me sauve comme je puis.

Voulez-vous m'aider jusqu'au bout ? Donnez-moi Jean, qui est un fidèle serviteur ; qu'il tienne ici, demain toute la journée, deux chevaux sellés, ayant chacun cinquante mille écus dans une valise. J'ai tout le long de la route, d'ici à Brest, des amis ou des affidés qui nous cacheront ; à Brest, je m'embarque pour les Indes, et je vais, selon les ordres de mon maître, rejoindre à Lahore le général Lebastard de Prémont.

Maintenant, vous tenez ma vie entre vos mains, monsieur ; ne vous hâtez pas de me répondre. Je vais dans mon appartement mettre toutes mes affaires en ordre, brûler tous les papiers qui peuvent me compromettre, et, dans un quart d'heure, je viens chercher votre réponse.

Et sur ces mots, il se leva et sortit.

Au moment où il refermait la porte du corridor, celle du cabinet de toilette s'ouvrit, et Orsola parut.

Naturellement, elle avait tout entendu.

Je craignis que, ferme et peu sympathique en toute circonstance à M. Sarranti, elle ne lui refusât tout aide dans sa fuite, et j'allais aller au-devant de son refus, quand, à mon grand étonnement, à ces mots que je lui adressai :

— Tu as tout entendu, Orsola, que faut-il faire ?

Elle répondit :

— Il faut faire ce qu'il te demande.

Je la regardai étonné.

— Comment ? repris-je.

— Je te dis qu'il faut lui donner Jean, lui tenir deux chevaux prêts, et prier — elle allait dire *Dieu*, mais elle reprit en souriant : — et prier le *diable* qu'il échoue, car jamais occasion pareille à celle-là ne nous sera donnée de devenir millionnaires.

Je frissonnai et elle me vit pâlir.

— Oh! dit-elle, je croyais que c'était chose convenue, et que nous n'avions plus à revenir là-dessus.

Puis, avec ce ton impérieux que depuis quelque temps elle prenait à certaines heures :

—Occupez-vous d'une chose seulement, dit-elle, c'est de lui rendre votre contre-lettre. Moi, je vais vous l'envoyer, afin qu'il n'y ait pas de temps perdu ; je me charge du reste.

Et elle sortit.

Un instant après, M. Sarranti rentra.

— Vous me faites appeler ? demanda-t-il.

— Oui.

— Vous avez donc réfléchi ?

— Jean est à votre disposition, et dès la pointe du jour, les chevaux, avec l'argent dans les sacoches, vous attendront tout sellés.

M. Sarranti ouvrit un portefeuille et en tira un papier.

— Tenez, monsieur, dit-il, voici votre contre-lettre; dès aujourd'hui, je me regarde comme rentré dans les cent mille écus, puisqu'ils sont retirés de chez le notaire. Si les circonstances m'empêchaient de repasser par Viry, un mot de moi, si je ne suis ni prisonnier ni tué, vous dirait où me faire tenir l'argent.

Je repris la contre-lettre d'une main si tremblante, mon visage avait conservé une telle pâleur depuis qu'Orsola m'avait laissé entrevoir qu'elle comptait sur la fuite de M. Sarranti pour l'accomplissement de ses terribles projets, que votre père s'aperçut de mon émotion.

Il l'interpréta naturellement comme une hésitation de ma part à le servir.

— Voyons, cher monsieur Gérard, me dit-il, il est encore temps de revenir sur votre bonne résolution. Je puis quitter à cette heure le château pour n'y jamais rentrer; et, en vous quittant, vous laisser la lettre que je vous ai offerte, et qui constatera que vous êtes en dehors de tous nos projets. Dites un mot, et je vous rends votre parole.

J'hésitai, mais cette femme avait pris un tel empire sur ma vie, que je n'osai faire autre chose que ce qu'elle m'avait ordonné de faire.

— Non, lui dis-je, tout est convenu, ainsi ne changeons rien à nos dispositions.

M. Sarranti prit mon adhésion pour du dévoûment, et me serra affectueusement la main.

Je suis attendu à Paris, dit-il ; peut-être vais-je prendre congé de vous pour ne plus vous revoir, je viens peut-être de vous dire adieu pour la dernière fois; dans tous les cas, cher monsieur Gérard, comptez sur une reconnaissance éternelle.

Et il partit.

Le soir, comme d'habitude, je soupai avec Orsola.

Je n'ose pas vous dire ce que je lui promis dans mon ivresse, et quel crime infâme nous arrêtâmes ensemble.

Ma seule excuse est que je n'avais point ma raison, que j'avais perdu mon libre arbitre.

Enfin, pour me servir de l'expression d'Orsola, le matin du 19 août 1820, il était décidé que le soir, à quelque prix que ce fût, nous serions millionnaires !

## III

**La journée du 19 août 1820.**

La matinée du lendemain s'écoula pour moi agitée de tressaillements terribles, et je faisais, tout étranger que je fusse à la politique, des vœux bien ardents pour que la conspiration réussit.

Il me semblait qu'Orsola n'avait parlé de crime que dans le cas où elle échouerait et où M. Sarranti serait obligé de fuir.

Jusqu'à quatre heures de l'après-midi, je comptai toutes les vibrations de l'horloge, et chacune de ces vibrations retentit jusqu'au fond de mon cœur.

Cent fois j'interrogeai ma montre, la journée s'écoulait et rien ne venait troubler la tranquillité ordinaire de la retraite dans laquelle nous vivions.

Il était quatre heures de l'après-midi, nous allions nous mettre à table ; j'avais déjà remarqué que les couverts des enfants manquaient. Orsola avait décidé qu'ils dîneraient à part.

Tout à coup j'entendis le galop d'un cheval. Cette fois, je ne me trompais pas.

Je m'élançai du salon dans la cour. M. Sarranti, sur un cheval blanc d'écume, épuisé de fatigue, entrait dans la cour.

En arrivant au perron, le cheval s'abattit.

— Tout est découvert, dit-il, je n'ai plus qu'à fuir; tout est-il prêt?

— Tout, dit Orsola.

Quant à moi, je ne pouvais répondre; quelque chose comme un nuage sanglant flottait devant mes yeux.

M. Sarranti se dégagea des étriers, vint à moi, me serra la main.

— Trahis! dénoncés! dit-il. Oh! les misérables! un complot si bien ourdi, une conspiration si bien arrêtée!

En ce moment, sur l'appel d'Orsola, Jean venait avec les deux chevaux frais.

Je n'eus que la force de les montrer à Sarranti en lui disant :

— Fuyez à l'instant même ! fuyez sans retard ! votre sûreté avant tout !

Il me serra la main, sauta sur l'un des deux chevaux, Jean sur l'autre, et, par des chemins de traverse, ils se dirigèrent sur Orléans.

— Bien, murmura Orsola à mon oreille, tous les soirs, à huit heures, le jardinier va coucher chez son gendre, à Morsang ; nous serons seuls.

— Seuls, répétai-je machinalement, seuls.

— Oui, dit Orsola, seuls, puisque, comme si nous avions pu deviner ce qui se passe, nous avons pris la précaution de *nous* débarrasser de Gertrude.

Le mot *nous* me rappela le crime, en même temps qu'il m'en faisait le complice.

Une sueur froide me passa sur le front.

Je compris que c'était le moment de rappeler toute ma force et de lutter.

Mais il y avait longtemps que ma force était évanouie, il y avait longtemps que je me laissais entraîner et que je ne luttais plus.

—Allons, allons, à table, me dit Orsola. Il ne s'agit pas de laisser échapper l'occasion qui se présente; prenons des forces et profitons-en.

Je savais ce qu'Orsola appelait prendre ou plutôt me donner les forces : c'était me livrer à ces vertiges de l'ivresse pendant lesquels je cessais d'être maître de moi, et où il me semblait que j'étais possédé par le démon de la violence et de la folie.

Dans ces sortes de circonstances, Orsola mêlait à mon vin un aphrodisiaque qui me rendait presque insensé. Avait-elle lu dans Suétone que quand la sœur de Caligula voulait, parricide et incestueuse maîtresse, lui faire commettre quelque crime, c'est ainsi qu'elle agissait?

Où cette femme, qui portait en elle la science et le principe du mal, avait-elle deviné que la cantharide était l'équivalent de l'hippomane ?

J'avais déjà la nuit de la mort de Gertrude, éprouvé cette ivresse furieuse que je ressentis le soir du 19 août après dîner.

Je me levai de table à huit heures du soir, au moment où commencent à tomber du ciel les premières ombres de la nuit.

Tout ce dont je me souviens, c'est d'une

voix qui répétait incessamment à mon oreille :

— Charge-toi du petit garçon, moi je me charge de la petite fille.

Et moi, abruti, insensé, chancelant, je répondais :

— Oui, oui.

— Mais auparavant, me dit la voix, préparons toutes choses pour que ce soit M. Sarranti qui ait l'air d'avoir fait le coup.

— Oui, répétai-je, il faut que ce soit M. Sarranti qui ait fait le coup.

— Alors, viens, dit la voix.

Je sentis que l'on m'entraînait dans le cabinet où était le bureau sur lequel j'écrivais d'habitude, et dans la caisse duquel j'avais déposé les trois cent mille francs rapportés de Corbeil et remis à M. Sarranti.

Elle ferma le tiroir à la clé, puis, avec une pince, elle fit sauter la serrure de manière à ce que le tiroir eût l'air d'avoir été forcé.

— Tu comprends ! dit-elle.

Je le regardai d'un œil hébété.

— Il t'a volé la somme que ton notaire t'avait rendue; pour la voler il a forcé le tiroir et il est parti.

Quant aux enfants, ils sont entrés pendant qu'il forçait le tiroir, et, de peur d'être dénoncé, il s'en est débarrassé.

—Oui, répétai-je, oui, il s'en est débarrassé.

—Comprends-tu? demanda Orsola, impatiente et joyeuse à la fois de voir à quel degré d'abrutissement elle m'avait amené.

— Oui, je comprends, mais lui il niera.

— Reviendra-t-il, pour nier ? Ira-t-on le chercher dans l'Inde, osera-t-il rentrer en France, quand il sera condamné à mort comme conspirateur, comme voleur, comme assassin ?

— Non, il n'osera pas.

— D'ailleurs, nous serons millionnaires, et l'on fait bien des choses avec des millions.

— Comment serons-nous millionnaires ? demandai-je, la langue avinée, l'œil terne.

— Puisque tu te charges du petit garçon, et moi de la petite fille, répéta cette femme.

— C'est vrai.

— Descendons, alors.

Je me rappelle que je résistai, non plus par raison, mais par instinct.

Elle m'entraîna, me fit descendre sur le perron.

Les deux enfants étaient assis, regardant le soleil qui se couchait lentement.

— Oh ! que c'est singulier, dis-je, il me semble que le ciel est tout en sang !

En m'apercevant, les deux enfants se levèrent et vinrent à moi en se tenant par la main.

— Faut-il rentrer, mon oncle Gérard ? demandèrent-ils.

Leur voix me fit un effet étrange ; je ne pus répondre, j'étouffais.

— Non, dit Orsola, jouez encore, mes chers petits.

—Oh! cela, par exemple, dit le moribond je ne l'oublierai jamais.

Au milieu de mon ivresse, je les vois encore tous deux, beaux comme des anges du Seigneur; le petit garçon blond, frais, rosé, la petite fille grave et brune, fixant sur moi ses grands yeux intelligents, et semblant me demander pourquoi, l'œil inerte, les mains tremblantes, je trébuchais en marchant.

En ce moment huit heures sonnèrent.

J'entendis fermer la grille du parc ; c'était le jardinier qui s'en allait.

Je regardais autour de moi, Orsola n'y était plus.

— Où était-elle ?

Je respirai, je me sentis soulagé. J'eus envie de prendre les deux enfants dans mes bras et de me sauver avec eux.

Je l'eusse fait peut-être, si je n'eusse senti que, seul, j'avais déjà bien du mal à me tenir debout.

D'ailleurs, au moment où je murmurais :

— Mes enfants ! mes pauvres enfants.

Elle reparut.

Elle tenait mon fusil à la main.

— Tenez, dit-elle, voilà votre fusil, monsieur Gérard.

Et elle me tendit l'arme.

Mon bras se refusait à le recevoir.

— Oh ! mon oncle, s'écria le petit Victor, est-ce que tu vas à l'affût ?

— Oui, dit Orsola, nous avons du monde demain, et il faut que votre oncle me tue deux ou trois lapins.

— Oh ! emmène-moi avec toi, mon oncle. dit l'enfant.

Je frissonnais.

— Prends donc ton fusil, lâche ! me dit tout bas Orsola.

Je le pris

— Oh! mon oncle, mon oncle, répéta le petit garçon, je me tiendrai derrière toi, je ferai point de bruit, je te le promets.

— Entendez-vous ce que cet enfant vous demande, dit tout haut Orsola.

Je regardai le petit garçon.

— C'est toi qui veux venir? lui dis-je.

— Oui, mon oncle, je t'en prie ; tu m'as promis, si j'étais bien sage, de me mener un jour avec toi.

— Oui, mais as-tu été bien sage, Victor? demanda Orsola.

— Oh! oui, madame, répondit consciencieusement l'enfant, et si M. Sarranti était là, il vous dirait qu'il est très content de moi.

On avait laissé ignorer aux enfants que leur professeur était parti pour toujours.

— Eh bien, alors, si véritablement il a été bien sage, dit Orsola, emmenez-le, monsieur Gérard.

— Si on emmène Victor, dit Léonie, je veux aller avec lui, moi.

— Oh! non, non, m'écriai-je vivement, c'est déjà assez, c'est déjà trop d'un

— Vous entendez, mademoiselle, dit Orsola, nous allons vous coucher.

— Pourquoi me coucher? dit la petite fille; j'aime mieux attendre le retour de mon frère, et que l'on me couche en même temps que lui.

— Dites donc à cette enfant que vous désirez une fois pour toutes qu'elle obéisse, et qu'elle ne dise plus je veux.

— Allez avec Orsola, Léonie, dis-je à l'enfant.

— Et moi, dit le petit Victor, tout joyeux

et moi je vais avec vous, n'est-ce pas, mon oncle ?

— Oui, viens, dis-je.

Il me prit la main.

Je n'eus pas le courage de garder dans la mienne cette bonne petite main qui se confiait à moi.

Je la repoussai.

— Marche à mes côtés, lui dis-je.

— Devant, devant, cria Orsola en emmenant Léonie qui, la tête tournée de notre côté, disait avec un accent que je n'oublierai jamais: Revenez bien vite mon oncle, reviens bien vite, Victor.

Moi aussi, je tournai la tête ; je vis la petite fille rentrer et disparaître dans le château.

Moi-même, en ce moment, contournant l'étang, je m'acheminai avec Victor dans le parc.

Il marchait, comme le lui avait dit Orsola, dix pas en avant de moi.

La nuit était déjà sombre; seulement,

sous les grands arbres du parc, les ténèbres étaient encore plus épaisses que partout ailleurs.

Mon front ruisselait de sueur, mon cœur battait au point que j'étais obligé de m'arrêter.

Chaque canon de mon fusil était chargé d'une balle. Il avait fait très chaud pendant les quinze derniers jours qui venaient de s'écouler, on avait parlé de chiens enragés errants dans les environs, et dans la crainte que quelque chien ne passât, soit, le jour par la grille ouverte, soit, la nuit, par une brèche que j'avais négligé de faire réparer, j'avais pris cette précaution de charger mon fusil à balle.

Orsola le savait, quand elle m'avait mis mon fusil entre les mains.

L'enfant marchait droit devant moi.

Je n'avais donc qu'à porter le fusil à mon épaule, qu'à presser la détente, qu'à faire feu, et tout était dit.

Mon Dieu, vous m'aviez donné d'avance le remords de cette action infâme, car deux ou trois fois je portai la crosse du fusil à mon épaule, deux ou trois fois je mis le doigt sur la détente de l'arme, et deux ou trois fois j'abaissai le canon en disant :

— Impossible, mon Dieu ! impossible !

Pendant un de ces mouvements, le petit Victor se retourna.

Si vite que j'eusse abaissé l'arme, il vit qu'il je l'avais mis en joue.

— Mon oncle, me dit-il, je croyais que tu m'avais dit qu'il ne fallait jamais mettre en joue personne, même en plaisantant, et qu'il y avait un petit garçon qui avait tué sa sœur en plaisantant ainsi.

— Oui, oui, tu as raison, mon enfant, m'écriai-je, c'était pour plaisanter, mais j'avais tort.

— Je sais bien que c'était pour plaisanter, dit l'enfant, pourquoi donc me tuerais-tu, toi qui aimais tant notre pauvre père?

Je jetai un cri.

Il s'était fait dans mon esprit une lueur comme celle d'un éclair; je crus que j'allais devenir fou.

— Oui, tu as raison, Victor, dis-je en remettant mon fusil en bandoulière, oui, j'aimais tant ton père; reviens à la maison Victor, reviens, nous ne chasserons pas ce soir.

— Comme tu voudras, mon oncle, dit

le petit garçon, effrayé de l'accent de ma voix.

J'allai à lui, je le pris par la main et, à travers bois, je le ramenai vers le château.

J'espérais arriver à temps pour m'opposer au meurtre de la petite fille.

Par malheur, je me trouvai au bord de l'étang. Pour revenir au château, il fallait contourner la pièce d'eau, ce qui nous retardait de plus de dix minutes, ou la traverser en bateau.

— Oh! mon oncle, allons en bateau, dit

l'enfant, c'est si amusant d'aller en bateau.

Et il sauta le premier dans la petite barque.

Je l'y suivis en chancelant.

L'eau était profonde, calme comme un miroir, éclairée par la lune qui venait de se lever.

Je saisis les deux avirons et je ramai rapidement.

Je n'avais en ce moment qu'une idée :

arrivé à temps pour empêcher le crime, et, quelque chose qui dût en résulter, dire *Non, non, je ne veux pas!*

Nous étions au milieu de l'étang à peu près, lorsque j'entendis un cri terrible.

Je reconnus la voix de Léonie.

En même temps, les aboiements de Brésil retentinrent dans la nuit.

Lui aussi, sans doute, de sa niche où il était retenu par une chaîne, il avait entendu comme moi et reconnu ce cri.

Deux autres cris, plus déchirants que le

premier, se firent entendre à quelques secondes l'un de l'autre.

Je compris que j'arriverais trop tard; les enfants étaient condamnés.

Je regardai le petit Victor.

Il était très pâle.

— Mon oncle, mon oncle, dit-il, on tue ma sœur.

Puis il appela :

— Léonie ! Léonie !

— Veux-tu te taire, malheureux! m'écriai-je.

— Léonie! Léonie! continua de crier l'enfant.

J'allai à lui la main étendue, le regard flamboyant.

A ma vue, il fut tellement épouvanté de l'expression de mon visage, qu'il hésita s'il ne se jetterait pas à l'eau.

Il ne savait pas nager.

Il tomba à genoux en joignant les mains.

— Oh! mon bon oncle, dit-il, ne me fais pas mourir! Je t'aime bien, je t'aime de tout mon cœur, mon oncle, je n'ai jamais fait de mal à personne.

Je venais de le saisir par le col de sa veste.

— Mon oncle, mon oncle, ayez pitié de votre petit Victor! A moi! à l'aide! au secours!

La voix s'arrêta. Ma main s'était, comme un anneau de fer, serrée autour de son col.

J'étais pris de vertige; j'avais perdu toute connaissance de moi-même.

— Non, non, lui dis-je, tu es condamné, il faut que tu meures.

Il entendit, car il réunit ses forces d'enfant pour m'échapper.

En cet instant, la lune se cacha derrière un nuage, et je me trouvais dans l'obscurité.

D'ailleurs, je fermais les yeux pour ne rien voir.

J'enlevai l'enfant jusqu'au-dessus de ma tête, et comme si son poids ne suffisait point pour le faire disparaître sous l'eau, je le lançai de toute ma force dans l'étang.

L'eau bouillonna, s'ouvrit comme un gouffre et se referma.

Je me jetai sur les avirons pour regagner le bord, mais au moment où j'en saisissais un de chacune de mes mains, l'enfant reparut se débattant.

Que vous dirai-je, mon père, s'écria le moribond en sanglotant, j'étais ivre, j'étais furieux, j'étais fou.

Je levai l'aviron.

— Oh! misérable! s'écria frère Dominique en se levant, comme s'il n'avait pas la force, lui simple auditeur, d'en entendre davantage.

— Oui, oui, misérable, misérable infâme! car il s'enfonça cette fois pour ne plus reparaître, et quand la lune sortit du nuage, elle éclaira le front livide d'un assassin.

Le moine était tombé à genoux, et priait le front appuyé au marbre de la cheminée.

Il se fit dans cette chambre funèbre quelques instants d'un silence terrible.

Le silence fut un instant interrompu par

une espèce de râle qui sortait de la gorge du malade.

— Je me meurs, saint prêtre, je me meurs, gémissait-il, et cependant, pour la vie de votre père en ce monde, pour mon salut dans l'autre, j'ai encore bien des choses à vous dire.

Le moine, à ce cri de détresse, se leva rapidement, revint au lit, passa son bras droit sous la tête du mourant et lui fit respirer des sels.

Il eût été difficile de dire lequel était le plus pâle, du prêtre ou du mourant.

La faiblesse fut longue, et alla presque jusqu'à l'évanouissement.

Puis enfin, le malade fit signe qu'il croyait pouvoir continuer, et le dominicain reprit sa place au chevet de son lit.

— Je sautai, dit l'assassin, du bateau sur la pelouse, et je courus vers la maison.

Tout avait cessé, cris de l'enfant, aboiements du chien.

Il m'avait semblé que les cris sortaient d'une des salles basses.

J'appelai Orsola, d'une voix timide d'abord, puis avec un accent plus élevé, puis avec toute la force de ma voix, mais personne ne répondit.

J'eus alors l'idée d'appeler Léonie, mais je n'osai.

J'eus peur d'évoquer une ombre.

Je n'avais point de lumière, et descendis à tâtons.

Un resté de feu brûlait dans la cuisine, et, si faible que fût la lueur qu'il jetait, il était facile de voir que tout était en ordre, et que rien ne s'était passé là.

Je passai de la cuisine dans l'office, appelant Orsola.

Personne ne répondit.

Il me sembla que c'était bien de là cependant que venaient les cris.

Je songeai à un petit cellier qui se trouvait derrière l'office, et qui me restait à visiter.

J'essayai de pousser la porte, mais j'eus à lutter contre un obstacle; j'appelai encore Orsola, mais personne ne répondit.

Cependant, une chose me frappa à la

lueur de la lune; je vis le vitrage du cellier, vitrage donnant sur le jardin, tout brisé.

En même temps, je heurtai quelque chose du pied.

Je me baissai, je sentis un corps couché à terre.

A l'humidité tiède de la dalle, il me sembla que ce corps était couché dans son sang.

Je tâtai avec la main. Ce n'était pas le corps d'un enfant.

Qu'était-ce donc?

J'allai à reculons jusqu'à la porte, puis je traversai l'office, puis je rentrai dans la cuisine.

J'y allumai une bougie, et, épouvanté d'avance de ce que j'allais voir, je revins vers le cadavre.

Qu'était-il donc arrivé? Ce cadavre était celui d'Orsola.

Ce sang dans lequel il était couché, c'était son sang.

Il sortait d'une effroyable morsure qui

avait ouvert la carotide, et qui, par l'hémorragie, avait produit la mort presque instantanément.

Un long couteau de cuisine gisait près de la morte, et paraissait échappé de sa main.

Mon premier mouvement fut de croire que j'étais devenu fou, et en proie à quelque hallucination terrible.

Mais tout était bien réel : il y avait là un cadavre et du sang, et ce sang et ce cadavre étaient le sang et le cadavre d'Orsola.

Je me rappelai alors les cris de l'enfant, les aboiements du chien, et un jour terrible se fit dans mon esprit.

J'allai au vitrage brisé, et je n'eus plus de doute.

Voilà ce qui s'était passé ; — du moins, cela me parut clair comme la lumière du jour.

Orsola, en rentrant, s'était emparée d'un couteau ; et, de gré ou de force, avait conduit l'enfant dans le cellier.

Là, elle avait voulu la tuer.

La petite fille, épouvantée, avait crié, appelé au secours.

C'étaient ces cris que j'avais entendus, et auxquels répondaient les hurlements de Brésil.

Le chien adorait l'enfant, — je l'ai déjà dit, — l'animal comprit que sa petite amie était en danger de mort.

Sans doute fit-il un effort terrible, et parvint-il à rompre sa chaîne.

La chaîne rompue, il ne fit qu'un bond de sa niche au vitrage; d'un élan furibond, il passa à travers la fenêtre, tomba dans le cellier, et sauta au cou d'Orsola.

La mâchoire de fer avait ouvert la gorge de celle-ci, et forcé sa main de lâcher à la fois l'enfant et le couteau.

Maintenant, qu'étaient devenus l'enfant et le chien ?

Ils n'étaient plus là ni l'un, ni l'autre.

A quelque prix que ce fût, il fallait les retrouver.

La vue du cadavre d'Orsola me remplit de terreur et de colère; je m'élançai par la porte du cellier restée ouverte ; c'était sans doute par cette porte que s'était sauvée Léonie.

Je me mis à sa poursuite ; si je la rencontrais, ma propre sûreté voulait que je la tuasse, comme j'avais tué son frère.

Le moine frissonna.

— Que voulez-vous, mon père ? dit le mourant ; c'est le fatal engrenage du crime. Le meurtrier est dans une main de fer, et il faut qu'il tue, par cette seule raison qu'il a tué.

Je m'élançai d'abord dans la principale allée du parc, mon fusil à la main ; fouillant les ténèbres de mes regards, courant là où j'entendais du bruit, prenant chaque rayon de la lune filtrant à travers le feuillage, pour la robe blanche de l'enfant.

En ce moment, j'étais fou furieux, ivre de rage, ivre de sang.

A chaque bruit que je croyais entendre, je m'arrêtais, portant mon fusil à mon épaule, en appelant Brésil, en criant :
« Est-ce toi, Léonie? »

Mais rien ne répondait ; tout était tranquille et morne, le parc était silencieux comme une tombe, vide et inanimé comme le néant.

Tout à coup, je me trouvai au bord de

la pièce d'eau. Je m'arrêtai, épouvanté.

Mes cheveux se dressèrent sur ma tête. Je jetai un cri qui n'avait rien d'humain, et je repris ma course dans la direction opposée.

En effet, c'était bien plutôt une course qu'une marche; course rapide, fiévreuse, désordonnée, dans laquelle j'eusse renversé, si j'avais aperçu le but, tout ce qui se fût trouvé sur mon passage.

Rien! Pendant près d'une heure, j'errai ainsi d'allée en allée, de buisson en buisson, d'arbre en arbre; pas une piste, pas une trace : tout restait silencieux, désert

J'eus un instant l'idée de décharger mon fusil pour entendre un bruit quelconque, tant cet effroyable silence me semblait le frère de la mort.

Enfin, harassé, mourant, baigné de sueur, je perdis tout espoir de retrouver le chien ni l'enfant.

Je me retrouvai en face du château, au pied du perron, à cent pas de l'étang.

Cette eau morne, froide, immobile, m'épouvanta.

Je détournai les yeux, mais, malgré moi, mes yeux revenaient toujours du même côté.

Je voyais au bord, dans les roseaux, la chaloupe, pareille à un gros poisson échoué.

Et sur le gazon, la rame...

Je ne pus supporter cette vue, et je rentrai.

Je n'osais descendre près du corps d'Orsola; je montai à ma chambre, les fenêtres en étaient toutes grandes ouvertes; elles donnaient sur l'étang.

Tout donnait donc sur ce misérable étang!

Je m'approchai des fenêtres pour en fermer les volets ; mais, au moment où je me penchais en dehors pour les attirer à moi, je restai comme pétrifié.

Un animal rôdait autour de l'étang, le nez à terre, comme s'il suivait une piste.

C'était Brésil.

Que cherchait-il donc ?

Il accomplit, toujours courant, un cercle parfait ; puis, s'arrêtant à l'endroit où nous étions montés dans le canot, Victor et moi, il releva la tête, aspira l'air, regarda de tous les côtés, poussa un hurlement lamentable, et se mit à l'eau.

Chose terrible, il suivait en nageant la même route qu'avait suivi la barque ; on eût dit que le sillage en était resté visible, et qu'il suivait ce sillage.

Arrivé à l'endroit où j'avais précipité l'enfant à l'eau, il tourna un instant sur lui-même.

Puis il plongea.

J'avais suivi toutes les évolutions du chien, l'œil fixe, la respiration suspendue.

J'avais momentanément cessé de vivre.

L'eau tourbillonnait au-dessus de l'endroit où le chien avait plongé.

Deux fois, sa tête reparut à la surface de l'eau, et je l'entendis respirer bruyamment.

La troisième fois, il tenait à sa gueule un objet informe, qu'en nageant il tirait du côté du bord.

Il atteignit le gazon, remonta sur la berge, tirant l'objet à lui.

Chose effroyable ; cet objet qu'il tirait à

lui, qu'il parvint, après des efforts inouïs, à traîner sur le bord, c'était le cadavre du petit garçon.

— Horreur! murmura le prêtre.

— Oh! dites, dites, s'écria le moribond, comprenez-vous ce qui se passa en moi à cette vue? Comme au jour du jugement, l'abîme rendait ses morts!

Je jetai un cri de rage. Je repris mon fusil, je descendis l'escalier, franchissant quatre ou cinq marches à chaque enjambée; comment ne roulai-je point par les degrés? comment ne me brisai-je pas le front sur les dalles du vestibule? je n'en sais rien.

J'atteignis le perron. Un massif d'arbres me dérobait la vue du chien et de l'enfant : je marchai dans la direction du massif, afin d'approcher le plus près possible de l'animal, sans en être vu.

Arrivé au massif, je n'étais plus qu'à trente pas du chien ; il entraînait le cadavre du côté opposé au château.

Je pensai à la brèche.

Ah ! c'était sans doute par cette brèche

que s'était sauvée Léonie, c'était par cette brèche que le chien voulait entraîner l'enfant.

Si le hasard n'avait point fait que j'eusse vu ce qui venait de se passer, ce misérable chien dénonçait tout.

Au moment où je reparaissais de l'autre côté du massif, il m'éventa.

Alors, il lâcha l'enfant, et tourna contre moi sa gueule sanglante et ses prunelles de flamme qui étincelaient dans la nuit comme deux charbons.

J'entendais claquer ses mâchoires l'une contre l'autre.

Je saisis le moment où il hésitait, pour savoir s'il continuerait d'emporter l'enfant du côté de la brèche, ou s'il s'élancerait sur moi.

Je l'ajustai avec le soin d'un homme qui joue sa vie, et je fis feu.

Le chien plia sur ses quatre jambes, et s'enfonça dans le bois, en poussant un long et lugubre hurlement.

Je courus après le chien, espérant le rejoindre et l'achever de mon second coup.

Il était cruellement frappé, car, à la

lueur de la lune, je voyais une trace de sang sur le gazon.

Je suivis cette trace tant que je fus sur un sol découvert; mais, en entrant dans le bois, je la perdis.

Je n'en courus pas moins jusqu'à la brèche.

C'était par cette brèche qu'il avait dû sortir.

C'était par cette brèche qu'était sortie en tous cas Léonie, un lambeau de sa collerette était resté à un églantier.

Qu'était-elle devenue ?

Il y avait plus d'une heure déjà qu'elle avait franchi la muraille écroulée. La route de Fontainebleau à Paris passait à un quart de lieue à peine.

Qui me dirait de quel côté elle avait tourné ? Si elle avait rencontré quelqu'un ? Où elle avait été emmenée ?

Puis, si pendant que je la cherchais hors des murs, on allait entrer au château et trouver le cadavre de Victor sur la pelouse.

Ce qu'il y avait d'important avant tout, c'était de faire disparaître ce cadavre.

C'est en ce moment que rentrèrent en moi les premières idées de conservation.

Comment avais-je été assez fou de laisser le cadavre dans l'étang ?

Ne savais-je pas qu'au bout d'un certain temps les cadavres des noyés reviennent sur l'eau ?

C'était bien heureux, à tout prendre, que Brésil l'eût tiré de l'étang et traîné sur la pelouse.

J'allais l'enterrer dans un endroit isolé du jardin, et toute trace du crime disparaîtrait.

Je rentrai dans le parc, après avoir arraché de la ronce le lambeau de collerette qu'elle avait retenu en passant, et je repris en courant le chemin de l'étang.

Tout en courant, j'avais une effroyable pensée, une pensée qui me donnait le vertige.

Si je n'allais plus retrouver le cadavre, me disais-je, où le chercher ?

Par bonheur, il y était.

Par bonheur ! comprenez-vous ? répéta le moribond, c'est effroyable, ce que je vous dis là.

— Oh! oui, oui, effroyable! murmura le prêtre, qui sentait à ce récit ses cheveux se dresser sur sa tête.

Le mourant continua :

Pour enterrer l'enfant, il me fallait une bêche ; mais j'avais trop souffert pendant ces quelques instants que je m'étais éloigné du cadavre, pour m'en éloigner de nouveau. Je repassai mon fusil en bandoulière, je chargeai l'enfant sur un de mes bras, et j'allai jusqu'à la remise où le père Vincent enfermait ses ustensiles de jardinage, pour y prendre une bêche.

Je trouvai l'instrument que je cherchais.

Le petit bâtiment était dans le potager.

C'était le plus loin possible du potager, dans l'endroit le plus désert du parc, que je devais enterrer l'enfant.

Je traversai donc de nouveau la pelouse, voyant s'allonger, au clair de la lune, l'ombre que formait le groupe hideux d'un homme emportant le cadavre d'un enfant sous son bras.

Ses jambes se balançaient en avant, sa tête pendait par-derrière.

Je hâtai ma course, et je m'enfonçai dans le bois.

Le voyage que je ferai à travers l'éternité, à partir du jour de ma mort jusqu'à celui du jugement dernier, ne sera pas plus terrible pour moi que cette course nocturne à travers les ténèbres projetées par les grands arbres.

Mes jambes tremblaient, j'étais haletant, forcé parfois de suspendre ma marche pour reprendre ma respiration.

Tout à coup, je me sentis arrêté. Je voulus continuer ma course; j'étais retenu en arrière. Je fus pris d'un frisson, mes jambes plièrent sous moi. Le vertige, avec son cortége de spectres, fut prêt à passer devant mes yeux, je me sentis près de rendre l'âme.

Enfin je fis un effort, et je pris sur moi de regarder en arrière : les boucles blondes de l'enfant s'étaient enroulées dans une branche brisée.

C'était là l'obstacle ; tout cela n'avait duré qu'une seconde, mais pendant cette seconde j'avais vu étinceler au-dessus de ma tête le couperet de la guillotine.

Je me mis à rire d'un rire terrible ; je donnai une secousse au cadavre, une partie des cheveux resta à la branche, mais je continuai mon chemin.

Je crus enfin avoir trouvé l'endroit qui me convenait.

C'était sous un massif épais, à quelques pas d'un banc de gazon où je n'étais peut-être pas venu m'asseoir deux fois depuis quatre ans que j'habitais le château.

Il y avait là, entre les tiges de lilas, un espace de trois pieds de diamètre à peu près.

En creusant verticalement la terre, je pouvais avoir fini en une heure et demie ou deux heures.

Je me mis à l'œuvre.

Quelle heure, mon père, que l'heure que je passai à creuser cette fosse!

Il pouvait être deux heures et demie du matin quand je la commençai. C'est le moment où s'éveillent les premiers tressaillements de la nature, les oiseaux dans les branches, les bêtes fauves dans les buissons.

Au moindre bruit, je me retournais, croyant entendre des pas; l'eau ruisselait sur mon visage, mon haleine s'échappait en sifflant de ma poitrine.

Je sentais venir le jour.

Enfin l'œuvre funèbre fut terminée.

Je mis le corps de l'enfant dans ce trou

vertical, qui n'avait pas moins de quatre pieds de profondeur.

Puis je fis rouler sur lui la terre que j'avais amassée au bord de la fosse, la foulant aux pieds, afin que le terrain ne présentât point d'élévation.

Puis, comme toute la terre ne put tenir, à cause de la place qu'avait prise le cadavre, j'éparpillai le reste aux environs.

Enfin, à cent pas de là, j'allai chercher une grande couche de mousse que je revins claquer sur l'endroit où la terre avait été fraîchement remuée.

Grâce à cette précaution, il ne resta aucune trace du terrible travail.

Il était temps.

Comme je venais de l'achever, le soleil entr'ouvrait les nuages, et au sommet d'un chêne dont les branches s'étendaient au-dessus de ma tête, un rossignol chantait.

## IV

**Fin de la confession.**

Avec le soleil, avec la lumière, vinrent ces deux terribles fantômes du jour :

Le souvenir et la réflexion.

Je vis venir le soleil avec l'effroi du condamné à mort qui voit entrer le matin, dans son cachot, le geôlier qui vient lui annoncer l'heure de l'exécution.

Il s'agissait de prendre un parti; mais tout en moi était terreur, incertitude, chaos.

Je n'en eusse jamais eu la présence d'esprit, si presque tout n'eût été réglé d'avance par Orsola.

Sa mort même jetait sur tous les événements de cette fatale nuit un vague plus grand encore, et surtout écartait les soupçons de moi.

Mon adoration pour cette créature était

proverbiale ; on ne pouvait donc pas me soupçonner d'avoir contribué à sa mort.

D'ailleurs, le chien, que l'on retrouverait mort quelque part, serait une preuve que, n'étant pas arrivé à tant pour la secourir, je l'avais vengée.

Je n'avais sur moi aucune trace de ce terrible témoin que rien ne fait disparaître, le sang. Avec un peu de bonne volonté et de raison, je parvins donc à retrouver mon sangfroid.

Seulement, ce qui me remplissait de terreur, c'était la fuite de Léonie.

180 LES MOHICANS

Mais, en supposant que Léonie se retrouvât, elle ne pouvait accuser qu'Orsola, et Orsola était morte.

Je montai dans ma chambre, je fis disparaître toutes les traces de l'orgie de la veille, j'avalai d'un trait ce qui restait dans la bouteille, je réparai un peu le désordre de ma toilette, et je me rendis tout courant chez le maire du pays.

C'était un brave homme, un simple paysan, ouvrier comme je l'avais été moi-même, et à qui cette communauté de travaux de notre jeunesse avait inspiré pour moi une grande sympathie, une profonde confiance.

Je lui débitai la fable que nous avions préparée avec Orsola, c'est-à-dire que les deux enfants avaient disparu, et que leur fuite coïncidait tellement avec le départ de M. Sarranti et le vol des cent mille écus, repris la veille chez le notaire, et enlevés de mon secrétaire brisé, que je n'hésitais pas à l'accuser de ce vol et de cet assassinat.

— Pauvre père! murmura Dominique, en levant les mains et les yeux au ciel.

— Oui, mais puisque le ciel me punit, s'écria le mourant, puisque je lui rends moi-même cette pureté que j'avais ternie, il faut me pardonner, mon père; car, comment voulez-vous que Dieu me pardonne, si vous ne me pardonnez pas ?

— Continuez, dit le moine.

— Quant à moi, voici comment j'expliquai ma tardive dénonciation.

Je n'étais rentré la veille que très tard. Croyant tout le monde couché, j'étais monté droit à ma chambre, et m'étais couché moi-même. Le matin, je m'étais éveillé avec le jour, n'entendant aucun bruit dans ma maison, je m'étais levé; en passant dans mon cabinet, j'avais trouvé le tiroir de mon secrétaire forcé; j'étais passé dans la chambre d'Orsola, elle était déserte; j'étais passé dans les chambres des enfants, elles étaient vides ; j'avais appelé, personne n'avait répondu.

J'étais descendu, j'avais cherché, et enfin, dans le cellier, j'avais trouvé le cadavre d'Orsola baigné dans son sang.

La nature de la plaie ne m'avait laissé aucun doute sur la nature de sa mort, elle avait été étranglée.

J'avais alors aperçu, couché sur la pelouse, le chien qui avait rompu sa chaîne, et dans un premier mouvement, dans un de ces mouvements de douleur qui vous mettent hors de vous-même, j'avais pris mon fusil et envoyé une balle à Brésil, qui, blessé, avait disparu.

Le maire crut à cette fable ; il mit mes hésitations, mes redites, ma pâleur sur le compte de mon effroi ; il me donna à sa manière toutes les consolations qu'il put me donner, et, faisant prévenir par son adjoint toutes les autorités compétentes, il revint avec moi au château.

Je m'étais bien gardé de dire vers quelle frontière M. Sarranti avait pris la fuite.

Je n'avais, vous le comprenez bien, qu'un désir, c'est qu'il pût sortir de France.

Je m'enfermai dans ma chambre, abandonnant le reste du château aux investigations de la justice, et priant seulement mon ami, le maire de Viry, de faire que le plus possible on respectât ma douleur.

Le brave homme se chargea de tout, et me tint parole.

Puis, il faut le dire, dans la journée arriva la nouvelle de la conspiration découverte.

Comme j'y avais compté, cette nouvelle me venait en aide.

Lorsque l'on sut que M. Sarranti était un

des agents les plus fanatiques du parti bonapartiste, les feuilles gouvernementales ne manquèrent point de ramasser cette accusation d'assassinat et de vol, pour la jeter à la tête de tout le parti. La police, il faut le dire, eût même été désespérée, en supposant qu'elle eût quelque doute, de trouver les véritables coupables; on était heureux, en 1820, de flétrir les Bonapartistes du nom d'assassin et de voleur, comme en 1815 on les avait flétris du nom de brigands; et ce fut une bonne fortune pour le gouvernement de faire peser une pareille accusation sur la tête d'un homme arrivant de Sainte-Hélène, et ayant vécu dans l'intimité de l'empereur.

Je n'eus donc aucune crainte réellement

sérieuse ; tous les soupçons passèrent autour du coupable, pour se mettre à la poursuite de l'innocent ; et, tout innocent qu'il fût, je doute que, s'il eût été arrêté, votre père eût pu se soustraire à l'échafaud.

Le prêtre se leva ; il était pâle comme les draps du mourant. Cette idée de son père tombant victime d'une fausse accusation, tombant avec toutes les apparences de la culpabilité, l'épouvantait à le rendre fou.

— Oh ! murmura-t-il, je savais bien qu'il n'était pas coupable, moi, dit-il ; et cependant, je l'aurais vu mourir sans pouvoir le sauver. Oh ! monsieur, monsieur, vous êtes bien...

Il s'arrêta.

Il allait dire — bien infâme.

Le moribond courba la tête. Ce qu'il demandait, c'est que cette douleur de l'homme s'exhalât en paroles, afin qu'il ne restât plus dans le fils que la miséricorde du prêtre.

— Mais, continua le moine, malgré cet aveu que vous me faites, monsieur, une accusation n'en pèsera pas moins éternellement sur la tête de mon père.

— Est-ce que je ne vais pas mourir, monsieur ? balbutia le malade.

— Alors, s'écria le prêtre, après votre mort, il me sera donc permis de tout révéler ?

— Tout ! monsieur. N'est-ce pas pour cela que je bénissais la Providence de vous avoir conduit près de mon lit ?

— Ah ! fit le prêtre en respirant, mon père, mon pauvre père ! Savez-vous, monsieur, que s'il eût connu l'accusation qui pesait sur lui, au risque d'y perdre la tête, il fût revenu protester de son innocence !

— Oui, mon père. Eh bien, moi mort, vous lui écrirez, et il pourra revenir ;

mais, au nom du ciel, ne jetez pas dans la terreur et le désespoir le peu d'heures qui me restent à vivre.

Le prêtre fit un signe pour rassurer le mourant.

— Tenez, continua le moribond, laissez-moi vous faire un aveu. Depuis sept ans que le crime est commis, eh bien — il faut que je sois d'une exécrable nature, n'est-ce pas? — Eh bien, je n'ai pas eu un seul instant le sentiment du remords pur et isolé. Non, non, avec le remords seul, j'eusse dormi, j'eusse vécu calme, heureux peut-être ; mais la terreur de la justice, l'effroi de la punition, voilà ce qui a troublé mes jours, tourmenté mes nuits ! Oh ! combien de fois, dans mes rêves, j'ai comparu devant un tribunal ; combien de fois j'ai entendu, malgré mes prières, mes larmes, mes dénégations, retentir le mot assassin ; combien de fois j'ai senti sur mon cou frissonnant, le froid du ciseau qui abattait mes cheveux, le cahot de la fatale charrette ; et en perspective à l'horizon, au-dessus de toutes les têtes, ou s'élancer les deux bras rouges, ou étinceler le couperet de la hideuse guillotine.

— Malheureux ! murmura le prêtre, regardant en pitié cet homme, vivante image de la terreur, et qui par terreur, on le sentait, pouvait devenir féroce.

— Voilà pourquoi je me suis exilé de Viry, voilà pourquoi je suis venu demeurer à Vanves, voilà pourquoi je fais le bien.

Le prêtre se retourna vivement à ces derniers mots.

— Oui, oui, mon père, dit le moribond, l'aumône est un manteau dont je me couvre, pour qu'on ne voie pas mes habits tachés de sang. Qui oserait maintenant me venir chercher au milieu de ce cortége de bonnes actions qui veille autour de moi ?

— Celui qui vient, dit Dominique en levant son doigt au ciel — Dieu !

— Oui, je le sais, dit le mourant, celui-là dont on se souvient quand on va mourir, celui-là qui voit le sang à travers le manteau, le visage à travers le masque ; mais auprès de celui-là, mon père, j'aurai deux puissants intercesseurs : mon effroi et votre innocence.

Le malheureux n'osait pas dire ses remords.

— C'est bien, dit le prêtre, achevez.

— Je n'ai plus que quelques mots à ajouter, mon père.

— Comme je vous l'ai dit, non pas ma

seule, mais ma principale inquiétude, c'était la disparition de Léonie.

J'allai à la préfecture de police, je fis et fis faire toutes les démarches imaginables, jamais je n'en eus aucune nouvelle.

J'eus un instant l'idée de retourner à Vic-Dessos ; mais là avait habité M. Sarranti, là son fils était né, là on m'avait connu pauvre, et par jalousie on pouvait remonter aux sources de ma fortune.

J'y renonçai.

Je voyageai, je passai un an en Italie, un

an dans les Flandres; mais à chaque lever de soleil qui me rappelait ce terrible lever de soleil du 20 août, je me demandais si l'on ne découvrait pas en ce moment même, en France, quelque indice qui viendrait à l'étranger se dresser tout à coup contre moi.

Je revins en France.

Un soir, en traversant l'Auvergne, où j'avais demandé l'hospitalité dans une chaumière, j'entendis mes hôtes faire le récit de la vie d'un homme de bien, dans les plus méticuleux détails.

C'était, comme je vous l'ai dit, un pauvre

gentilhomme de l'Auvergne, qui, à la suite d'une querelle assez futile, s'était battu en duel, et avait tué son meilleur ami.

A partir de ce jour, cet homme avait vendu son château, ses fermes, ses terres, ses troupeaux; il avait distribué son bien aux pauvres, et demandé à de bienfaisants travaux, à des actions louables, l'oubli de cet assassinat involontaire.

Seulement, lui le faisait par remords.

Mais voilà ce que je me dis : un homme qui aurait commis un crime réel, un meurtre véritable, n'échapperait-il pas au soupçon, en créant autour de lui une réputation, semblable à celle que s'est faite cet homme ?

Faisons donc par précaution, par égoïsme, par terreur, ce que cet homme fait par remords.

Je revins à Paris, je cherchai un lieu d'habitation, je trouvai cette maison que j'achetai, et j'entrepris cette grande œuvre de philanthropie qui m'a fait, à moi aussi, cette réputation d'homme de bien, au milieu de laquelle je vais mourir.

Maintenant, moi mort, mon père, ma mémoire est à vous ; faites-en le sacrifice à l'innocence de M. Sarranti, obtenez sa grâce comme conspirateur, moi, je me suis chargé de prouver son innocence comme assassin.

— Mais croira-t-on à la déposition d'un fils en faveur de son père ?

— J'ai prévu cette objection, monsieur ; levez-vous, prenez cette clé, — le mourant tendit au moine une clé qu'il tenait cachée sous son oreiller : — ouvrez le deuxième tiroir du secrétaire, vous y trouverez un rouleau de papier, cacheté de trois cachets.

Dominique se leva, prit la clé, ouvrit le tiroir, et en sortit le rouleau de papier.

— Le voilà, dit-il.

— N'y a-t-il rien d'écrit dessus ?

— Si fait, monsieur, il y a : « Ceci est ma confession générale devant Dieu et devant les hommes, pour être, si besoin est, rendue publique après ma mort.

» *Signé :* Gérard Tardieu. »

C'est cela, mon père ; ce papier contient mot pour mot, et tout entier écrit de ma main, le récit que je viens de vous faire. Moi mort, disposez-en, je vous relève du secret de la confession.

Le moine serra, avec un mouvement de joie et de triomphe involontaire, le papier contre sa poitrine.

— Maintenant, mon père, dit le moribond, ne me consolerez-vous point par quelques paroles d'espérance ?

Le moine s'approcha, grave et lent ; on eût dit que son visage levé au ciel, s'éclairait d'une lumière divine.

Vu ainsi, il semblait l'idéal de la charité humaine.

Le mourant, qui sentait venir le pardon, se souleva afin d'aller au-devant de lui.

— Mon frère, dit-il, peut-être faudrait-il près du Seigneur une plus haute et plus puissante intercession que la mienne, pour qu'il vous pardonnât. Mais moi, comme homme, comme fils, comme prêtre, je vous pardonne.

Dieu veuille ratifier l'absolution que je le supplie de faire descendre sur votre tête !

Au nom du Père qui est la bonté, du Fils qui est le dévoûment, et du Saint-Esprit qui est la foi.

Et il posa doucement ses deux mains pâles et blanches sur le crâne nu et décharné du moribond.

— Maintenant, mon père, que me reste-il à faire? demanda M. Gérard.

— Priez, dit le moine.

Et il sortit lentement, les mains jointes, priant le Seigneur de permettre qu'il emportât avec lui tout ce qu'il y avait de mauvais, de misérable et de bas dans cet homme qui allait mourir.

Derrière lui, le moribond retomba sur son lit, la face contre son oreiller, et aussi immobile que si l'âme était déjà séparée du corps.

## V

**Retour à Justin.**

Laissons frère Dominique, désormais rassuré sur la vie et l'honneur de son père, franchir rapidement, le cœur plein d'espérance et de joie, la courte distance qui sépare Vanves du Bas-Meudon, où il trouvera attelée et prête à partir la voiture funèbre qui renferme le corps de Colomban, et revenons à Justin, que nous avons vu partir à franc-étrier pour Versailles sur le cheval de Jean-Robert, et muni, par l'intermédiaire de Salvator, des instructions de M. Jackal à l'endroit de madame Desmarets.

Pour ceux de nos lecteurs auxquels le caractère du maître d'école, empreint d'une apparente faiblesse, a semblé ne pas mériter tout l'intérêt qu'il inspire à Salvator, à Jean Robert et à nous-mêmes, nous dirons que cette résignation qui, au premier abord, a pu sembler un manque d'énergie nous paraît à nous, au contraire, une des belles formes de la force.

En effet, il ne faut pas confondre le mouvement matériel, l'activité du corps, avec l'activité et le mouvement de l'esprit.

Tel homme qui se croit très actif, qui toute la journée se meut, marche, court, fait deux lieues à pied ou en voiture, se remue beaucoup plus, mais agit beaucoup moins que l'homme qui, du fond de son cabinet de travail, fait éclore, au bout de dix ans d'apparent repos, la pensée qui va bouleverser le monde.

Mettez le maître d'école, cet homme si apathique à sa surface, aux prises avec la nécessité, et vous le verrez sortir de son apathie, armé de pied en cap, prêt à combattre, préparé à mourir : ce qui l'affaiblit aux yeux de ceux qui ne voient pas chez lui plus loin que l'épiderme, nous ne saurions trop le répéter, car plus d'une fois nous aurons l'occasion de le démontrer dans ce livre, c'est la vie de famille sous laquelle il est courbé, la piété filiale, qui parfois faisant les grandes actions, parfois aussi fait les grands et obscurs dévoûments. Supprimez pour Justin ce mot sacré, cette chose sainte qui pèse sur lui, *la famille*, et vous le verrez immédiatement apporter sa pierre à ce monument social, antipode de la tour de Babel, que nous sommes tous nés pour élever d'une assise, et que l'on appelle l'harmonie universelle.

Mettez-le seul au monde, avec des passions dont il n'ait à répondre à personne qu'à lui-même, et vous verrez, comme cette lumière de l'Evangile cachée sous le boisseau, le boisseau une fois enlevé, tous les rayons de cette lumière se répandre à l'instant autour de lui.

Ainsi, quiconque eût vu Justin, faisant appel à ses souvenirs de jeunesse, s'élancer, en écuyer consommé, sur le cheval de Jean Robert, brûler le pavé, dévorer l'espace, franchir la distance, eût pu affirmer sans crainte de se tromper, que c'était le bras d'un homme fort et le jarret d'un homme résolu qui dirigeaient, dans sa course furieuse, ce cheval échevelé, bien plus semblable à un oiseau emportant sa proie, qu'à un coursier arabe entraînant son cavalier.

Après une heure de ce galop furibond, pendant lequel les pensées du cavalier empruntant quelque chose au train de sa monture, se pressaient rapidement dans son cerveau, il s'arrêta haletant devant la porte du pensionnat.

Il avait mis un peu plus d'une heure, comme nous venons de le dire, à faire cinq lieues, et il était juste huit heures et demie quand, s'élançant à bas de son cheval, il sonna à la grande porte de madame Desmarets.

On était levé à peu près depuis une heure dans la maison. Madame Desmarets était seule dans sa chambre, et n'avait pas encore paru.

Justin lui fit dire qu'il désirait lui parler à l'instant même.

Toute étourdie d'une visite aussi matinale, madame Desmarets fit prier M. Justin de l'attendre, lui demandant une demi-heure pour se mettre en mesure de paraître devant lui.

Mais Justin lui fit répondre que la cause qui l'amenait n'admettant, vu son urgence, aucun retard, il priait la maîtresse de pension de le recevoir à l'instant même.

Madame Desmarets, toute troublée de cette insistance, passa une robe de chambre et ouvrit sa porte pour descendre au salon.

Mais Justin était debout devant la porte.

Il prit la main de madame Desmarets étonnée et la fit rentrer dans sa chambre, dont il referma la porte derrière lui.

La maîtresse de pension leva alors seulement les yeux sur Justin, éclairé par la lumière des fenêtres, et jeta un cri.

Elle était épouvantée tout à la fois, et de la pâleur mortelle imprimée sur le front du jeune homme, et de la sombre énergie qui faisait le caractère principal de sa physionomie, d'habitude si douce et si inoffensive.

— Oh! mon Dieu, qu'est-il donc arrivé? demanda-t-elle.

— Un grave malheur! madame, répondit Justin.

— A vous ou à Mina?

— A tous deux, madame.

— Ah! mon Dieu; faut-il que je fasse appeler particulièrement Mina, ou désirez-vous la voir vous-même ?

— Mina n'est plus ici, madame.

— Comment! Mina n'est plus ici? Où est-elle donc?

— Je n'en sais rien.

Madame Desmarets regardait Justin Corby, comme elle eût regardé un fou.

— Elle n'est plus ici, vous ne savez pas où elle est? demanda la maîtresse de pension; que veut dire cela ?

— Cela veut dire, madame, qu'elle a été enlevée cette nuit.

— Mais hier soir je l'ai conduite dans sa chambre, où je l'ai laissée moi-même avec mademoiselle Suzanne de Valgeneuse.

— Eh bien, ce matin, madame, elle n'y est plus.

— Oh ! mon Dieu ! s'écria madame Desmarets en levant les yeux au ciel, êtes-vous bien sûr de ce que vous dites, monsieur ?

Justin tira de sa poche le papier écrit au crayon que lui avait donné Babolin.

— Tenez, dit-il, lisez plutôt.

Madame Desmarets lut rapidement, ce cri de détresse.

Elle reconnut l'écriture de la jeune fille, et se sentant prête à défaillir, elle jeta un cri en étendant les bras pour chercher un appui.

Justin s'élança, la soutint, et lui avança un fauteuil.

— Oh ! dit-elle, si cela est vrai, c'est à genoux que je devrais vous demander pardon de la douleur que je vous cause.

— C'est vrai, dit Justin. Mais ne nous laissons point abattre ni les uns ni les autres, madame, à moins que nous ne soyons sûr qu'il n'y a pas de remède à cette douleur, et encore, quand il ne me restera plus d'espoir dans les hommes, il me restera l'espoir en Dieu.

— Mais que faire, monsieur, demanda-t-elle.

— Attendre, et, en attendant, veiller à ce que personne ne pénètre dans sa chambre ni n'entre dans le jardin.

— Attendre qui, monsieur ?

— L'agent de l'autorité, qui doit se rendre ici dans une heure.

— Eh quoi! s'écria madame Desmarets, plus effrayée qu'émue, la justice va venir ici?

— Sans doute, répondit Justin.

— Mais, si cela arrive, ma maison est perdue! s'écria la maîtresse de pension.

Cet égoïsme blessa profondément Justin.

— Que voulez-vous que j'y fasse, madame? répondit-il froidement.

— Monsieur, s'il y a un moyen d'éviter le scandale, je vous supplie de l'employer.

— Je ne sais pas ce que vous appelez un scandale, dit Justin en fronçant le sourcil.

— Comment, vous ne savez pas ce que j'appelle un scandale ! dit la maîtresse de pension en joignant les mains.

— Le scandale pour moi, madame, reprit Justin, est qu'une femme à qui ma mère a confié sa fille, à qui moi j'ai confié ma femme, ose me dire de me taire quand je la lui redemande.

La réplique était si juste, que madame Desmarets sembla anéantie.

— Mais, monsieur, fit-elle éplorée, toute les mères vont venir me redemander leurs filles!

— Et moi, madame, dit Justin, révolté de l'égoïsme de cette femme, qui, devant une douleur comme la sienne, ne s'occupait que du tort que l'enlèvement de Mina pouvait faire à sa maison; et moi, madame, si j'étais votre juge, je ferais placer au fronton de votre pensionnat quelque écriteau infamant qui détournât de cette maison toutes les mères.

— Mais, monsieur, votre malheur à vous ne s'adoucira point du tort que vous me ferez!

— Mais le tort que je vous ferai, madame, empêchera qu'il arrive à d'autres un malheur pareil au mien.

— Au nom de l'affection que j'avais pour elle, monsieur, ne me perdez pas!

— Au nom de la confiance que j'avais en vous, madame, ne me demandez rien.

Il régnait sur le visage de Justin une résolution si désespérée, que madame Desmarets comprit qu'elle n'avait rien à attendre de lui.

Elle parut donc prendre son parti, et d'un air résigné :

—Il sera fait comme le voulez, monsieur, dit la maîtresse de pension, et je subirai silencieusement ma peine.

Justin indiqua, par un signe de tête, que c'était à son avis ce que madame Desmarets avait de mieux à faire.

Puis, après quelques minutes d'un silence qui pesait comme du plomb sur le jeune homme et sur la maîtresse de pension :

— Monsieur, dit celle-ci, voulez-vous, à votre tour, me permettre de vous adresser quelques questions ?

— Faites, madame.

— A quelle cause attribuez-vous la disparition de Mina ?

— C'est ce que j'ignore encore ; mais c'est ce que la justice m'apprendra j'espère.

— Vous êtes bien sûr qu'elle n'a pas disparu volontairement ?

Le cœur de Justin se gonfla à cet outrage fait à sa blanche fiancée.

— Comment ! vous qui l'avez depuis six

mois devant les yeux, pouvez-vous me faire une semblable question ?

— Je vous demandais si vous étiez certain de son amour ?

— Vous avez lu sa lettre, qui appelle-t-elle à son aide ?

— Alors, elle aurait donc été enlevée par force ?

— Sans nul doute.

— Mais, monsieur, c'est impossible, les murs sont hauts, les fenêtres solidement fermées. Mina aurait crié.

— Madame, il y a des échelles pour tous les murs, des pinces pour toutes les fenêtres, des bâillons pour toutes les bouches.

— Êtes-vous entré dans la chambre de Mina ?

— Non, madame.

— Mais, c'était la première chose à faire ; allons-y de ce pas, si vous voulez bien.

—N'y allons point, madame, au contraire je vous en supplie.

— C'est cependant le seul moyen de nous assurer qu'elle n'y est plus.

— Mais, cette lettre.

— Si, par un calcul que je ne m'explique pas ; si, pour accomplir quelques ordres ténébreux, on vous avait envoyé une fausse lettre ; si Mina n'était point enlevée, si elle était dans sa chambre.

Quelque chose de pareil à un éblouissement passa devant les yeux de Justin.

Il comprenait lui-même si peu de chose à ce qui arrivait, que cette espérance, quelque insensée qu'elle fut, commença d'entrer dans son cœur. En conséquence, malgré les recommandations de Salvator, il se décida à descendre et à aller avec madame Desmarets jusqu'à la porte de la chambre particulière qu'habitait la jeune fille.

Arrivés devant cette porte, madame Desmarets — tandis que Justin, la main sur sa poitrine, comprimait les battements de son cœur — madame Desmarets frappa doucement, puis plus fort, puis plus fort encore.

Ce fut inutile, personne ne répondit.

Elle essaya d'ébranler la porte.

Inutile encore, la porte était fermée en dedans.

Madame Desmarets proposa alors d'envoyer chez le serrurier.

Mais Justin, que ce silence funèbre avait rendu à son premier désespoir, se ressouvint alors des recommandations de Salvator, et s'opposa formellement à l'accomplissement de son dessein.

— Voyons du moins, par le jardin, si l'on apercevra quelque chose à travers la fenêtre, dit la maîtresse de pension.

— Pardon, madame, dit Justin, mais l'entrée du jardin est interdite à tout le monde.

— Même à moi ?

— A vous comme aux autres, madame.

— Mais enfin, monsieur, je suis chez moi.

— Je vous demande pardon, madame, partout où est la loi, la loi est chez elle, et, au nom de la loi, je vous défends d'ouvrir cette porte.

Et, pour plus grande sûreté, il la ferma

à double tour, et en tira la clé qu'il mit dans sa poche.

Madame Desmarets avait grande envie d'appeler, de crier, d'envoyer même chercher le commissaire si besoin était, pour mettre Justin à la porte, mais elle comprit que ce jeune homme, qu'elle avait toujours vu si humble et si doux, n'agirait point ainsi s'il n'était sûr d'être soutenu.

Quant à Justin, il s'appuya tranquillement contre la porte du jardin.

— Comptez-vous rester longtemps en sentinelle contre cette porte, monsieur ? demanda la maîtresse de pension.

— Jusqu'à ce que les gens que j'attends soient arrivés.

— Et quand arriveront-ils?

— Jamais aussi vite que je le désire, madame.

— Et d'où viennent-ils ?

— De Paris.

— Alors, dit madame Desmarets, vous permettez que je vous quitte un instant, monsieur ?

— Faites, madame.

Et Justin s'inclina, comme pour donner congé à madame Desmarets.

Madame Desmarets remonta dans sa chambre qui donnait sur la rue, s'habilla rapidement, et une fois habillée ouvrit sa fenêtre, et, à travers la persienne, plongea son regard sur la route de Paris.

Au bout d'une demi-heure à peu près, elle vit poindre une voiture qui s'avançait rapidement, et s'arrêta à la porte.

Deux hommes en descendirent.

C'étaient MM. Jackal et Salvator.

M. Jackal allait sonner, quand la porte du pensionnat s'ouvrit d'elle-même.

C'était Justin qui, ayant entendu le bruit d'une voiture, et se doutant que cette voiture amenait M. Jackal et Salvator, venait leur ouvrir dans son impatience.

Salvator, voyant l'agitation et la pâleur du jeune homme, alla à lui, prit sa main, et la serrant cordialement :

— Allons, dit-il, courage, mon pauvre monsieur Corby, il y a, croyez-moi, des malheurs encore plus grands que les vôtres.

Et il pensait au malheur de Carmélite, revenant à elle, retrouvant sa raison, et apprenant que Colomban était mort.

## VI

**La visite domiciliaire.**

Quant à M. Jackal, ayant appris par Salvator que Justin était le fiancé, il salua profondément le jeune homme, et lui demanda si personne n'était entré dans la chambre et dans le jardin.

— Personne, monsieur, dit Justin.

— Vous en êtes sûr ?

— Voici la clé du jardin.

— Et celle de la chambre de mademoiselle Mina ?

— La porte est fermée en dedans.

— Ah ! fit M. Jackal.

Et, prenant une énorme prise de tabac :

— Nous allons voir cela, dit-il.

Et, conduit par Justin, il arriva à une espèce de parloir placé entre la cour et le jardin, et duquel partait le corridor conduisant à la chambre de Mina.

— Où est la maîtresse de l'établissement?

En ce moment, madame Desmarets entra.

— Me voilà, messieurs, dit-elle.

— Les personnes que j'attendais de Paris, madame, fit Justin.

— Saviez-vous quelque chose de la disparition de mademoiselle Mina avant l'arrivée de monsieur, dit M. Jackal en désignant Justin.

— Non, monsieur ; je n'ai même encore aucune certitude sur cette disparition, répondit d'une voix émue et toute tremblante madame Desmarets, puisque nous ne sommes pas entrés dans sa chambre.

— Nous y entrerons tout à l'heure, soyez tranquille, dit M. Jackal. Et, abaissant ses lunettes au niveau du bout de son nez, il regarda, selon son habitude, madame Desmarets par-dessus les deux verres qui, nous l'avons dit, semblaient bien plutôt

destinés à lui cacher les yeux qu'à éclair-
cir son regard.

Puis, remettant ses lunettes, il secoua la
tête.

Salvator et Justin, debout, attendaient
avec impatience que l'interrogatoire con-
tinuât.

— Si ces messieurs voulaient entrer au
salon? demanda madame Desmarets, ils
seraient mieux.

— Merci, madame, répondit M. Jackal
en jetant un regard autour de lui, et en

remarquant qu'il avait instinctivement, et comme un général consommé, établi son camp dans une excellente position.

— Maintenant, madame, continua M. Jackal, pénétrez-vous bien de la responsabilité d'une maîtresse de pension à laquelle il manque une de ses pensionnaires, et réfléchissez bien avant de répondre à mes questions.

— Oh! monsieur, je ne puis être plus douloureusement affectée que je ne le suis, dit madame Desmarets en essuyant ses larmes; et, quant à réfléchir avant de répondre, c'est inutile, attendu que je ne répondrai que la vérité.

M. Jackal fit un petit signe d'assentiment, et continua :

— A quelle heure se couchent les pensionnaires, madame ?

— A huit heures en hiver, monsieur.

— Et les sous-maîtresses ?

— A neuf heures.

— Quelques-unes veillent-elles plus tard que les autres ?

— Une seule.

— Et à quelle heure se couche celle-là ?

— Vers onze heures et demie ou minuit.

— Où couche-t-elle ?

— Au premier.

— Au-dessus de la chambre de mademoiselle Mina ?

— Non ; la personne qui veille habite une chambre donnant à la fois sur le dortoir et sur la rue, tandis que la chambre de la pauvre petite Mina donne sur le jardin.

— Et vous, madame, où habitez-vous ?

— Dans la chambre du premier attenante au salon, et donnant sur la rue.

— Ainsi, aucune de vos fenêtres à vous ne donne sur le jardin ?

— Celle de mon cabinet de toilette.

— A quelle heure vous êtes-vous endormie hier ?

— Vers onze heures à peu près.

— Ah ! dit M. Jackal, faisons d'abord le

tour de la maison. Venez avec moi, monsieur Salvator. Vous, monsieur Justin, restez ici, et tenez compagnie à madame.

On obéissait à M. Jackal comme on eût obéi à un général d'armée.

Salvator suivit l'homme de police. Justin resta avec madame Desmarets, qui tomba sur une chaise, et qui éclata en sanglots.

— Cette femme-là n'est pour rien dans l'affaire, dit M. Jackal en descendant le perron et en traversant la cour pour gagner la porte de la rue.

— A quoi voyez-vous cela? demanda Salvator.

— A ses larmes, répondit M. Jackal ; les coupables tremblent et ne pleurent pas.

M. Jackal examina la maison.

La maison formait un angle coupé par la rue, et par une ruelle déserte, mais pavée.

M. Jackal s'engagea dans la ruelle déserte, comme un limier dans la passée d'un gibier.

A gauche s'élevait, sur une longueur de cinquante pas environ, le mur du jardin du pensionnat.

Au-dessus du mur, on voyait les arbres du jardin.

M. Jackal suivait le pied du mur avec une extrême attention.

Salvator suivait M. Jackal.

M. Jackal regardait la ruelle en hochant la tête.

— Mauvaise ruelle, la nuit, dit-il ; ces ruelles-là sont faites exprès pour les enlèvements et les vols par escalade.

Au bout de vingt-cinq pas environ,

M. Jackal se baissa, et ramassa un [petit morceau de plâtre détaché du faîte de la muraille.

Puis un second, puis un troisième.

Il les regarda avec attention, et les enveloppa soigneusement dans son mouchoir.

Puis, ramassant un morceau de tuile brisée, il le jeta doucement par-dessus le mur, afin qu'il retombât de l'autre côté.

— C'est par là que l'on a passé? demanda Salvator.

— Nous allons voir cela tout à l'heure, dit M. Jackal. Maintenant, rentrons.

Salvator et M. Jackal rentrèrent.

Ils retrouvèrent Justin et madame Desmarets à la même place où ils les avaient laissés.

— Eh bien, monsieur? demanda Justin.

— Cela boulotte, répondit M. Jackal.

— Oh! par grâce, monsieur, avez-vous vu quelque chose, reconnu quelque trace?

— Vous êtes musicien, jeune homme, et, par conséquent, vous connaissez le proverbe : *N'allons pas plus vite que le violon.* Je suis le violon, suivez-moi, mais ne me devancez pas, monsieur Justin; la clé du jardin, s'il vous plaît?

Le jeune homme remit la clé à M. Jackal, et, en passant dans le corridor :

— Voici la porte de la chambre de Mina, dit-il.

— C'est bien, c'est bien, chaque chose à son tour. Nous nous en occuperons plus tard.

Et M. Jackal ouvrit la porte du jardin.

Seulement, il s'arrêta sur le seuil, embrassant d'un regard tout l'ensemble des localités qu'il allait examiner en détail.

— Bon ! dit-il, c'est ici qu'il faut user de

précautions, et marcher comme lorsque les poules vont au champ. Suivez-moi si vous voulez, mais dans l'ordre suivant :

Moi le premier, M. Salvator le second, M. Justin le troisième, madame Desmarets la quatrième.

C'est cela, et maintenant, emboîtons le pas.

Il était évident que M. Jackal se rendait à la partie de la muraille qu'il avait déjà examinée extérieurement.

Seulement, au lieu de couper le jardin en diagonale, il suivit l'allée qui longeait la muraille, et qui le forçait de faire un angle, pareil à celui qui faisaient la maison et le mur.

Avant de s'éloigner, il jeta, par-dessus ses lunettes, un regard sur la fenêtre de la chambre de Mina.

Les persiennes étaient closes.

— Hum ! fit-il.

Et il se mit en marche.

L'allée, sablée de sable jaune, n'offrait rien d'extraordinaire ; mais après avoir fait intérieurement vingt-cinq pas en retour du mur, il s'arrêta, et, avec un rire silencieux, ramassa la tuile brisée qu'il avait jetée pour lui servir de point de repère, et montrant à Salvator une trace fraîche imprimée dans la plate-bande :

— Nous y voilà, dit-il.

Non-seulement les regards de Salvator, mais ceux de Justin et de madame Desmarets se baissèrent, suivant la direction du doigt de M. Jackal.

— Ainsi, vous croyez donc que c'est par ici que la pauvre enfant a été enlevée ? demanda Salvator.

— Cela ne fait pas de doute, répondit l'homme de police.

— Mon Dieu! mon Dieu! murmura madame Desmarets, un enlèvement dans mon pensionnat!

— Monsieur, dit Justin, au nom du ciel, donnez-nous quelque certitude!

— Oh! la certitude, fit M. Jackal, regardez vous-même, mon cher ami, vous l'aurez.

Et tandis que Justin regardait, M. Jackal, qui se sentait enfin sur une trace sûre, tirait sa tabatière de sa poche et se bourrait le nez de tabac, tout en regardant la terre par-dessous ses lunettes et madame Desmarets par-dessus.

— Mais enfin, monsieur, que voyez-vous? demanda Justin impatienté.

— Ces deux trous en terre, rejoints, comme vous voyez, par une ligne droite.

— Ne reconnaissez-vous pas la trace d'une échelle? dit Salvator à Justin.

— Bravo, c'est cela.

— Mais cette ligne transversale, continua Justin.

— Allez, allez, dit M. Jackal à Salvator.

— C'est, dit Salvator, le dernier échelon qui s'est enfoncé d'un pouce dans la terre, à cause de l'humidité du terrain.

— Maintenant, il s'agit, dit M. Jackal, de savoir combien d'hommes ont pesé sur l'échelle, pour en faire entrer dans le sol les montants d'un demi-pied, et les traverses d'un pouce.

— Examinons les pas, dit Salvator.

— Oh ! les pas, c'est bien confus ; deux hommes, d'ailleurs, peuvent avoir marché dans les mêmes pas. Nous avons des gaillards qui n'ont pas d'autre système pour dissimuler leurs traces.

— Comment allez-vous faire ?

— Rien de plus simple.

Puis, se tournant vers la maîtresse de pension, qui ne comprenait pas grand'chose de plus à ce que l'on disait, que si l'on eût parlé arabe ou sanscrit :

—Madame, demanda M. Jackal, y a-t-il une échelle dans la maison ?

— Il y a celle du jardinier.

— Où est-elle ?

— Sous la remise, probablement.

— Et la remise ?

— Là-bas.

— Ne bougez pas, je vais chercher l'é-
chelle moi-même.

M. Jackal sauta légèrement la distance
d'un mètre et demi à peu près, pour en-

jamber par-dessus de nombreuses traces que l'on voyait imprimées tant sur le sable des allées que sur les plates-bandes environnantes, et auxquelles, grâce à son esprit de méthode, il ne paraissait ne vouloir prêter attention que lorsque le temps de les examiner serait venu.

— Un instant après, il revenait avec l'échelle.

— Assurons-nous d'abord d'une chose, dit M. Jackal.

Il dressa l'échelle, et mit en rapport les deux portants avec les deux trous.

— Bon! dit-il, voilà déjà une pièce de conviction ; il est probable que nous tenons l'échelle dont on s'est servi, les portants et les trous sont en rapport.

— Mais, demanda Salvator, ne sont-elles point faites à peu près sur la même mesure?

— Celle-là est un peu plus large que les échelles ordinaires ; le jardinier a un apprenti, un élève, un fils, n'est-ce pas, madame Desmarets?

— Il a un petit garçon de douze ans, monsieur.

— Voilà. Il se fait aider de l'enfant pour lui montrer son état, probablement; et il a acheté une échelle plus large, pour que l'enfant puisse y monter en même temps que lui.

— Monsieur, dit Justin, je vous en supplie, revenons à Mina.

— Nous y revenons, monsieur; seulement, nous y revenons par un détour.

— Oui, mais ce détour nous fait perdre du temps.

— Mon cher monsieur, reprit l'homme

de police, dans les affaires de la guerre, le temps ne fait rien ; de deux choses l'une : ou celui qui enlève votre fiancée l'emmène hors de France, et il est déjà bien loin pour que nous le rattrapions ; ou il compte la cacher aux environs de Paris, et, dans ce cas, avant trois jours nous saurons où il est.

— Oh ! Dieu vous entende, monsieur Jackal ; mais vous disiez que vous alliez savoir combien d'hommes avaient contribué à l'enlèvement.

— Je m'occupe de cette vérification, monsieur.

Et, en effet, M. Jackal dressait l'échelle

le long du mur, à un mètre de distance à peu près de l'endroit où était la première trace.

M. Jackal monta les premiers degrés de l'échelle, s'arrêtant à chaque échelon, pour regarder à quelle profondeur s'enfonceraient les montants.

Les montants ne s'étaient pas enfoncés à plus de trois pouces de profondeur.

Du milieu de l'échelle, M. Jackal dominait le jardin.

Il aperçut donc un homme en veste sur le seuil de la porte du corridor.

— Holà! mon ami, dit-il, qui êtes-vous?

— Je suis le jardinier de madame Desmarets, monsieur, répondit le bonhomme.

— Madame, dit M. Jackal, allez constater l'identité de cet homme, et amenez-nous-le par le même chemin que nous avons pris.

Madame Desmarets obéit.

— Je vous le dis, monsieur Justin, et je vous le répète, monsieur Salvator, cette femme n'est pour rien dans l'enlèvement de l'enfant.

Madame Desmarets revint avec le jardinier, tout étonné de trouver dans son jardin un homme monté sur son échelle.

— Mon ami, lui demanda M. Jackal, avez-vous travaillé hier au jardin?

— Non, monsieur, c'était hier mardi-gras, et dans une maison aussi bien tenue que celle de madame Desmarets, on ne travaille pas les jours de fête.

— Bon; et avant-hier?

— Oh! c'était le lundi-gras, et le lundi-gras je me repose.

— Et le jour précédent?

— Le jour précédent, monsieur, c'était le dimanche-gras, plus grande fête encore que le mardi.

— De sorte que vous n'avez pas travaillé depuis trois jours, n'est-ce pas?

— Monsieur, dit gravement le jardinier, je n'ai pas envie d'être damné.

— Bien, voilà tout ce que je voulais savoir ; de sorte que depuis trois jours votre échelle est dans la remise?

— Mon échelle n'est pas dans la remise, répondit le jardinier, puisque vous êtes monté dessus.

— Ce garçon est plein d'intelligence, répondit M. Jackal, mais il y a une chose dont je réponds, c'est qu'il ne pratique pas l'enlèvement.

Veuillez monter sur l'échelle, dit M. Jackal.

Le jardinier regarda madame Desmarets pour lire dans ses yeux s'il devait obéir aux ordres de cet intrus.

— Faites ce que monsieur vous dit, répondit madame Desmarets.

Le jardinier monta deux ou trois échelons.

— Encore, fit M. Jackal.

Le jardinier continua son ascension.

— Eh bien? demanda M. Jackal à Salvator.

— Elle s'enfonce, mais pas jusqu'à la traverse, répondit celui-ci.

— Descendez, mon ami, dit M. Jackal au jardinier.

Le bonhomme obéit.

— Me voilà descendu, dit-il.

— Remarquez, fit M. Jackal, comme cet homme dit peu de chose, mais comme tout ce qu'il dit est bien dit.

Le jardinier se mit à rire; le compliment le flattait.

— Maintenant, mon ami, dit M. Jackal, prenez madame Desmarets dans vos bras.

— Oh! fit le jardinier.

— Que dites-vous donc là, monsieur? demanda madame Desmarets.

— Prenez madame dans vos bras, répéta M. Jackal.

— Je n'oserai jamais, dit le jardinier.

— Et moi je vous le défends ! Pierre, s'écria la maîtresse de pension.

M. Jackal sauta du haut en bas de l'échelle.

— Montez où j'étais, mon ami, dit-il au jardinier.

Le jardinier monta sans difficulté, et prit place sur l'échelon que venait de quitter M. Jackal.

Quant à celui-ci, il s'approcha de madame Desmarets, lui passa un bras sous les épaules, l'autre sous les jarrets, et l'enleva de terre avant même qu'elle eût le temps de s'apercevoir de l'intention de M. Jackal.

— Mais monsieur! mais monsieur! criait madame Desmarets, que faites-vous donc?

— Supposez, madame, que je suis amoureux de vous, et que je vous enlève.

— En voilà une supposition, dit le jardinier perché sur son échelon.

—Mais, monsieur! répétait madame Desmarets, mais, monsieur!

— Rassurez-vous, madame, dit M. Jackal ; ce n'est, comme le dit notre ami Pierre, qu'une supposition.

Et, tenant madame Desmarets dans ses bras, il monta quatre ou cinq échelons.

— Elle s'enfonce, dit Salvator suivant de l'œil les montants qui, en effet, disparaissaient dans le sol.

— S'enfonce-t-elle jusqu'à la traverse ? dit M. Jackal.

— Pas tout à fait.

— Appuyez le pied sur le deuxième échelon, dit M. Jackal.

Salvator exécuta la manœuvre commandée.

— Cette fois, dit Salvator, elle est exactement au même point que l'autre.

— C'est bien, dit l'homme de police, descendons tous.

Il descendit le premier, fit prendre la ligne verticale à madame Desmarets, invita Pierre à se tenir immobile dans l'allée, et tirant l'échelle du sol, où elle laissa la même trace que l'autre :

— Mon cher monsieur Justin, dit-il,

madame Desmarets est un peu plus lourde que mademoiselle Mina, je suis un peu plus léger que l'homme qui l'emportait; cela fait donc compensation.

— Et cela veut dire ?

— Que votre fiancée a été enlevée par trois hommes, dont deux la portaient sur l'échelle, tandis que le troisième maintenait l'échelle en appuyant le pied dessus.

— Ah ! fit Justin.

— Maintenant, dit M. Jackal, nous allons tâcher, mon cher monsieur, de savoir quels sont ces trois hommes.

— Ah ! je comprends, dit le jardinier, on a enlevé une de vos pensionnaires.

M. Jackal abaissa ses lunettes pour regarder Pierre tout à son aise, puis quand il l'eut bien regardé.

— Madame Desmarest, dit-il, ne vous défaites jamais de ce garçon-là, c'est un trésor d'intelligence.

Puis, au jardinier.

— Mon ami, dit-il, vous pouvez reporter votre échelle où nous l'avons prise, nous n'en avons plus besoin.

## VII

**Les pas.**

Pendant que le jardinier s'éloignait dans la direction de la remise, M. Jackal, ses lunettes relevées jusque sur le front et bourrant son nez de tabac, examinait la trace des pieds.

Il tira de sa poche un fin couteau, moitié canif, moitié serpette, ouvrit une de ses huit ou dix lames, et coupa une petite branche, avec laquelle il commença de mesurer les pas.

— Voici les traces qui se dirigent du mur à la fenêtre et de la fenêtre au mur, aller et retour, dit-il; les ravisseurs étaient bien renseignés, à ce qu'il paraît, sur les habitudes des pensionnaires, et ne se croyaient pas obligés de prendre de grandes précautions. Seulement...

M. Jackal parut embarrassé.

—Seulement, répéta l'homme de police,

voilà des souliers exactement de la même longueur et de la même largeur ; une fois dans le jardin, un seul homme aurait-il fait le coup, et les deux autres auraient-ils attendus ?

— Les souliers sont de la même longueur et de la même largeur, dit Salvator, mais ils n'appartiennent pas au même pied.

— Ah ! ah ! et à quoi voyons-nous cela ?

— Aux clous de la semelle, qui sont disposés différemment.

— C'est ma foi vrai, dit M. Jackal ; de

deux pas en deux pas, on retrouve un soulier gauche avec des clous disposés en triangle. Un des nos hommes est franc-maçon.

Salvator rougit légèrement.

M. Jackal ne vit point, ou ne voulut point voir cette rougeur.

— En outre, continua Salvator, un des deux hommes boitait du pied droit; le soulier comme vous pouvez le voir, est plus éculé de ce côté-là que de l'autre.

— C'est encore vrai, dit M. Jackal, est-ce que vous avez été du métier?

— Non, dit Salvator, mais je suis, ou plutôt autrefois j'ai été chasseur.

— Chut ! dit M. Jackal.

— Quoi ? demanda Salvator.

— Voici une troisième trace. Ah! un pied tout particulier, et qui n'a aucune ressemblance avec les pieds plats que nous venons d'examiner ; un véritable pied d'homme du monde, d'aristocrate, de grand seigneur ou d'abbé.

— De grand seigneur, monsieur Jackal.

— Pourquoi insistez-vous sur le grand

seigneur ? J'aimerais assez rencontrer un abbé dans cette affaire, dit le voltairien M. Jackal.

— Vous aurez la douleur de vous en priver.

— Et pourquoi cela ?

— Parce que nous ne sommes plus au temps de l'abbé de Gondy, temps où les abbés montaient à cheval. Or, l'homme qui a laissé cette empreinte était un cavalier ; voici, derrière le talon de sa botte, la petite tranchée qu'ont creusée ses éperons.

— C'est la vérité, s'écria M. Jackal. Par ma foi, mon cher monsieur Salvator, vous êtes presque aussi fort qu'un homme du métier.

— C'est qu'en effet, dit Salvator, je passe une partie de ma vie à observer.

— Aidez-moi donc, maintenant, à suivre la trace des pas jusqu'à la fenêtre.

— Oh! quant à cela, dit Salvator, ce ne sera pas difficile.

Et le piétinement des souliers et des

bottes conduisit Salvator et M. Jackal droit à la fenêtre.

Justin les suivait, interceptant leurs regards, dévorant leurs paroles.

Le pauvre homme était pareil à un avare qui se voit dérober un trésor qu'il a couvé dix ans, et qui, ayant presque perdu l'espoir de le retrouver lui-même, voit des amis, plus intelligents que lui, découvrir la trace de ses voleurs.

Quant à madame Desmarets, elle était complétement abattue et suivait machinalement, l'œil fixe, les bras inertes.

Arrivés à la fenêtre, les pas s'enfonçaient dans le sol avec plus d'énergie encore que partout ailleurs.

— Qui m'a dit, de vous, madame Desmarets, ou de M. Justin, que vous avez essayé d'ouvrir la porte de Mina ? demanda M. Jackal.

Tous deux répondirent en même temps :

— Nous, monsieur.

— Et vous l'avez trouvée fermée au verrou ?

— C'était, ajouta madame Desmarets, l'habitude de Mina de s'enfermer tous les soirs.

— Alors, dit M. Jackal, c'est donc par la fenêtre que l'on est entré ?

— Hum ! fit Salvator, la persienne me paraît bien solidement fermée.

— Oh ! il n'est pas difficile de repousser une persienne fit M. Jackal.

Il essaya de l'ouvrir.

— Ah ! ah ! dit-il, elle est non-seulement

poussée, mais fermée en dedans et au crochet.

— Il me semble que c'est moins facile? demanda Salvator.

— Vous êtes sûr que la porte était fermée au verrou ? fit l'homme de police en interrogeant Justin.

— Oh! monsieur, j'ai poussé de toute ma force.

— Peut-être n'était-elle fermée qu'à la clé.

— La porte était adhérente au chambranle, non-seulement du milieu mais au haut.

— Ti, ti, ti, ti, fit M. Jackal en chantonnant, pour que la persienne soit fermée au crochet et la porte au verrou, il faut que les gens qui sont venus ici soient réellement fort habiles.

Il secoua de nouveau la persienne.

— Je ne connais que deux hommes capables de sortir par une porte et par une fenêtre fermées; et si l'un n'était pas à Brest et l'autre à Toulon, je dirais que c'est Robichon ou Gibassier qui a fait le coup.

— Il y a donc moyen de sortir par une porte fermée ? demanda Salvator.

—Eh! mon cher monsieur, il y a moyen de sortir même par un endroit qui n'a pas de porte, comme l'a prouvé à l'un de mes prédécesseurs feu M. Latude ; mais, heureusement, ces moyens-là ne sont pas à la portée de tout le monde.

Puis, après avoir bourré son nez de tabac :

— Rentrons dans la maison, madame, dit M. Jackal.

Et, donnant l'exemple, sans s'inquiéter

si la politesse voulait que l'on fît passer les autres devant soi ; il passa le premier, et, s'arrêtant devant la porte de Mina :

— Vous devez avoir une double clé de chaque chambre, madame demanda M. Jackal.

— Oui, mais la chose sera inutile si la porte est fermée au verrou.

— N'importe, chère madame, allez toujours.

Madame Desmarets disparut un instant, et revint avec la clé demandée.

— Voilà, dit-elle.

M. Jackal introduisit la clé dans la serrure et essaya de la faire tourner.

— L'autre clé est dedans, dit-il, mais la serrure n'est point fermée à double tour.

Puis, comme à lui-même :

— Preuve, dit-il, que la porte a été fermée du dehors.

— Mais cependant, si le verrou est mis, fit Salvator, comment les ravisseurs, étant dehors, ont-ils pu mettre le verrou en dedans ?

— On va vous montrer cela tout à l'heure, jeune homme, c'est une invention de Gibassier, invention à laquelle le drôle a dû de n'être condamné qu'à cinq ans de galères au lieu de dix ; il y avait récidive, mais il n'y avait pas effraction. Allez me chercher un serrurier.

On envoya chercher un serrurier ; celui-ci arriva avec une pince et souleva la porte.

La porte céda à cette pression.

Tout le monde voulut se précipiter dans la chambre.

M. Jackal arrêta tout le monde en étendant les deux bras.

— Doucement, doucement, dit-il, tout dépend d'un premier examen, notre découverte est suspendue *à un fil*, ajouta-t-il en souriant, comme si ces paroles eussent contenu quelque plaisanterie.

Alors, entrant seul, il examina la serrure et le verrou.

Son premier examen ne parut pas le satisfaire.

Alors il ôta complètement ses lunettes, qui semblaient être le seul obstacle à ce que sa vue acquit l'acuité de celle d'un lynx. Aussitôt un sourire de triomphe se dessina sur ses lèvres, et, avec le pouce et l'index, il saisit un objet presque invisible, qu'il tira à lui et éleva triomphalement en l'air.

— Ah! ah! fit-il d'un air joyeux, quand je vous disais que notre découverte tenait à un fil. Eh! bien, ce fil, le voici.

Et les spectateurs aperçurent, en effet, un fragment de fil de soie, long de quinze centimètres environ, qui était resté engagé entre le fer du verrou et le bois de la porte.

—C'est avec cela qu'on a fermé la porte? demanda Salvator.

— Oui, répondit M. Jackal; seulement, le fil avait un demi-mètre ; ce que nous en voyons là est un fragment qui a été rompu et dont on ne s'est pas inquiété.

Le serrurier regardait avec ébahissement M. Jackal.

— Bon, dit-il, je croyais connaître tous les moyens d'ouvrir et de fermer les portes ; il paraît que je n'étais qu'un enfant.

— Je suis heureux de vous apprendre quelque chose, mon ami, dit M. Jackal ; vous allez voir comme cela se pratique. On prend le bouton du verrou dans un fil plié en deux; la soie vaut mieux que le fil, attendu qu'elle a plus de résistance. Le fil doit être assez long pour que, la porte fermée, les deux bouts sortent extérieurement. Vous fermez la porte, vous tirez votre fil, votre fil tire le verrou, et le tour est fait.

Seulement, parfois le fil casse, s'accroche, reste au verrou, et alors M. Jackal arrive, qui dit : Si ce diable de Gibassier n'était pas *au pré*, je dirai que c'est lui qui a fait le coup.

— M. Jackal, dit Justin, qui ne prenait qu'un intérêt fort secondaire à l'explication, si intéressante qu'elle fût au point de vue des progrès de la science.

— Oui, vous avez raison, cher monsieur Justin, dit l'homme de police.

Et l'on entra dans la chambre.

— Ah! dit M. Jackal, une trace de pas, de la porte au lit et du lit à la fenêtre.

Puis, jetant un coup d'œil sur le lit et sur la table qui y attenait :

— Bon ! dit-il, l'enfant s'est couchée, elle a lu des lettres.

— Oh ! mes lettres, s'écria Justin, chère Mina !

— Puis, continua M. Jackal, elle a éteint sa bougie ; tout allait bien jusque-là.

— A quoi voyez-vous qu'elle a éteint sa bougie elle-même ? demanda Salvator.

— Voyez, la mèche est encore courbée

par le souffle, et le souffle, à en juger par la courbure de la mèche, vient du côté du lit. Revenons aux pas. Voyons, monsieur Salvator, regardez cela avec vos yeux de chasseur.

Salvator s'inclina.

— Ah! ah! dit-il, voilà du nouveau ici, un pied de femme.

— Que disais-je, mon cher monsieur Salvator? cherchez la femme. Nous disons donc que voilà un pied de femme. Oui, par ma foi, et un pied de femme résolue, ne marchant pas seulement sur l'orteil, mais appuyant le plat de la semelle et le talon.

— Oui, dit Salvator, seulement la femme est coquette, elle a suivi les allées du jardin, de peur de salir ses bottines. Vous voyez que la trace est marquée en sable jaune, sans aucun mélange de boue.

— Monsieur Salvator! monsieur Salvator! s'écria l'homme de police, quel malheur que vous ayez choisi l'état que vous exercez! quand vous voudrez je vous ferai mon aide-de-camp. Ne bougez pas.

M. Jackal sortit, passa dans le jardin, alla par l'allée sablée jusqu'au pied de l'échelle et revint.

— C'est cela, dit-il, la femme vient de l'intérieur de la maison, elle sort, elle suit l'allée, elle s'arrête au pied de l'échelle, et revient par le même chemin qu'elle a pris.

Maintenant, je vais vous raconter comment la chose s'est passée; je l'aurais vu que je n'en serais pas plus sûr.

Tout le monde écouta.

— Mademoiselle Mina est rentrée à l'heure ordinaire, très triste, mais calme. Elle s'est couchée, le lit est à peine défait, voyez, — elle a lu des lettres, et elle a pleuré en les lisant; voilà son mouchoir et il est froissé comme le mouchoir d'une personne qui pleure.

— Oh! donnez, donnez! s'écria Justin.

Et, sans attendre que M. Jackal le lui donnât, il le prit et le pressa contre ses lèvres.

— Elle s'est donc couchée, reprit M. Jackal, elle a donc lu, elle a donc pleuré.

Mais comme on ne peut lire toujours, qu'on ne peut pleurer toujours, elle a éprouvé le besoin de dormir et a soufflé la bougie.

A-t-elle dormi, n'a-t-elle pas dormi? La chose n'a aucune importance; mais une fois la bougie soufflée, voilà ce qui est arrivé :

On a frappé à la porte.

— Qui, monsieur? demanda madame Desmarets.

— Ah! vous en voulez savoir plus que je n'en sais moi-même, chère madame.

Qui ? peut-être vous le dirai-je tout à l'heure, la femme, en tous cas.

— La femme! murmura madame Desmarets.

— La femme, la fille, la mère; sous le nom de femme, je désigne ici non pas l'individu, mais l'espèce.

La femme a donc frappé à la porte.

Mina s'est levée, et a été ouvrir.

— Mais, comment voulez-vous que Mina

ait été ouvrir sans savoir qui frappait? demanda madame Desmarets.

— Qui vous dit qu'elle ne le savait pas ?

—Elle n'eût point ouvert à une ennemie.

— Non, mais à une amie. Ah ! madame Desmarets, est-ce que j'aurais le bonheur de vous apprendre que nous avons, en pension, des amies qui sont de terribles ennemies ?

Elle a donc ouvert à son amie.

Derrière l'amie, venait le jeune homme aux petites bottes et aux éperons.

Derrière l'homme aux petites bottes et aux éperons, l'homme aux souliers cloutés en triangle. Comment la petite Mina se couchait-elle ?

— Je ne comprends pas, dit madame Desmarets, à qui la question était adressée.

— Je demande quels vêtements elle portait la nuit.

— En hiver, la chemise et un grand peignoir.

— Bien, on lui aura mis un mouchoir sur la bouche, on l'a enveloppée dans un châle ou dans une couverture — voilà au pied de son lit ses bas et ses souliers; sur cette chaise, sa robe et ses jupons, — et par la fenêtre, on l'a emportée telle qu'elle était.

— Par la fenêtre? demanda Justin, pourquoi pas par la porte ?

— Parce qu'il fallait traverser le corridor, que le bruit pouvait être entendu, et qu'il était plus simple, d'ailleurs, que les deux hommes qui étaient dans la chambre passassent l'enfant à l'homme qui était dans le jardin.

Et tenez, dit M. Jackal, si bien refermé

que soit le volet, si bien refermée que soit la fenêtre, voici la preuve qu'elle est passée par là, et qu'elle n'y est point passée de bonne volonté même.

M. Jackal montra une large échancrure au rideau de mousseline; la main qui s'y était cramponnée avait emporté le morceau.

— Voilà donc comment cela s'est passé.

La petite a été emportée par la fenêtre, puis passée par-dessus le mur. Puis la personne restée dans la maison a reporté l'échelle sous le hangar; alors elle est rentrée, a refermé en dedans le volet et la fenêtre, a passé un fil de soie dans le verrou, a tiré la porte, puis le fil, et est remontée tranquillement se coucher.

— Mais en rentrant du dortoir ou en sortant du dortoir, elle a dû être vue.

— N'avez-vous donc point d'autres pensionnaires ayant leur chambre, comme mademoiselle Mina avait la sienne?

— Une seule.

—Alors, c'est celle-là qui a fait l'affaire,

mon cher monsieur Salvator, — la femme est trouvée.

— Ainsi, vous croyez que c'est l'amie de Mina qui est la cause de cet enlèvement ?

— Je ne dis pas la cause, je dis la complice.

— Suzanne ! s'écria madame Desmarets.

— Madame, dit Justin, croyez moi, cela doit être ainsi.

— Mais qui peut vous inspirer une pareille idée, monsieur ?

— L'antipathie que j'ai éprouvée pour cette jeune fille, la première fois que je l'ai vue. Oh! madame, c'était comme un pressentiment que je lui devrais un grand malheur. Dès que monsieur a parlé d'une femme, continua Justin en montrant M. Jackal, j'ai pensé à elle; je n'eusse point osé l'accuser, mais je la soupçonnais. Au nom du ciel! monsieur, faites-la venir et confondez-la.

— Non, dit M. Jackal, ne la faites pas

venir, allons plutôt à elle. Madame, veuillez nous conduire à l'appartement de cette demoiselle.

Madame Desmarets, qui, en face de M. Jackal, avait perdu toute velléité de résistance, ne fit pas la moindre observation, et, marchant la première, indiqua le chemin.

La chambre était située au premier étage, au bout du corridor.

— Frappez à la porte, madame, dit M. Jackal.

Madame Desmarets frappa, mais personne ne répondit.

— Elle est peut-être à la récréation de onze heures, dit madame Desmarets. Faut-il l'appeler ?

— Non, répondit M. Jackal, entrons d'abord dans la chambre.

— La clé n'est point à la porte.

— Mais vous avez une seconde clé de toutes les chambres, m'avez-vous dit ?

— Oui, monsieur.

— Eh! allez nous chercher la clé de la chambre de mademoiselle Suzanne, et si vous la rencontrez, sur votre tête, madame, pas un mot de ce qu'on lui veut.

Madame Desmarets fit signe que l'on pouvait compter sur sa discrétion et descendit l'escalier.

Quelques secondes après, elle remontait avec la clé qu'elle remit à M. Jackal.

La porte s'ouvrit.

—Messieurs, dit M. Jackal, attendez-moi dans le corridor, il suffit que madame Desmarets et moi entrions.

Tous deux entrèrent.

— Où mademoiselle Suzanne met-elle ses chaussures? demanda M. Jackal.

— Là, répondit la maîtresse de pension

M. Jackal entra dans le cabinet et y prit sur une planche une paire de brodequins de lasting bleu sapho, dont il interrogea la semelle.

La semelle avait conservé, dans toute sa longueur, le sable jaune de l'allée.

— Les pensionnaires vont-elles dans le verger? demanda M. Jackal à madame Desmarets.

— Non, monsieur, répondit celle-ci; le verger donnant sur une ruelle déserte, est soigneusement, non pas fermé, mais défendu aux pensionnaires.

— C'est bien, dit M. Jackal en remettant les brodequins à leur place, je sais ce que je voulais savoir ; maintenant, où pensez-vous que soit mademoiselle Suzanne ?

— Selon toute probabilité, dans la cour de récréation.

— Quelle est la pièce de votre établissement qui donne sur cette cour ?

— Le salon.

— Allons au salon, madame.

Et il sortit de la chambre de mademoiselle Suzanne, laissant à madame Desmarets le soin de fermer la porte.

— Eh bien? demandèrent ensemble Salvator et Justin.

— Eh bien, répondit M. Jackal en fourrant une colossale prise de tabac dans son nez, je crois que nous tenons la femme.

**FIN DU SEPTIÈME VOLUME**

## LES GRANDS JOURS D'AUVERGNE
Par Paul Duplessis, 5 vol.

## JOB LE RODEUR
Par Paul Féval, 2 vol.

## LE BARON LAGAZETTE
Par A. de Gondreçourt, 5 vol.

## LES ÉTAPES D'UN VOLONTAIRE
Par Paul Duplessis, 12 vol.

## MARIE
Par Prosper Viallon, 2 vol.

## LE MAUVAIS MONDE
Par Adrien Robert, 2 vol.

## TROIS REINES
Par X.-B. Saintine, 2 volumes.

## LES PARVENUS
Par Paul Féval, 3 vol.

## LES VALETS DE CŒUR
Par Xavier de Montépin, 3 vol.

Fontainebleau. — Imp. de E. Jacquin

| | |
|---|---|
| **Aventures du prince de Galles**, *par L. Gozlan.* | 5 vol. |
| **La marquise de Belverano**, *par le même.* | 2 vol. |
| **Mes Mémoires**, *par Alexandre Dumas.* | 22 vol. |
| **Mystères de la Famille**, *par Élie Berthet.* | 3 vol. |
| **Le Cadet de Normandie**, *par le même.* | 2 vol. |
| **La Ferme de la Borderie**, *par le même.* | 2 vol. |
| **La Bastide Rouge**, *par le même.* | 2 vol. |
| **Fabio**, *par Pierre de Lancy.* | 3 vol. |
| **Il faut que jeunesse se passe**, *par A. de Lavergne.* | 5 vol. |
| **Laquelle des deux**, *par Maximilien Perrin.* | 2 vol. |
| **Partie et revanche**, *par le même.* | 2 vol. |
| **Le Sultan du quartier**, *par le même.* | 2 vol. |
| **Aventures de Saturnin Fichet**, *par Frédéric Soulié, tomes 7, 8, 9 et derniers.* | 3 vol. |
| **La Tache de sang**, *par le vicomte d'Arlincourt, tomes 3, 4, 5 et derniers.* | 3 vol. |
| **La mère Rainette**, *par Charles Deslys.* | 6 vol. |
| **Nelly**, *par Amédée Achard.* | 2 vol. |
| **Souvenirs de 1830 à 1842**, *par Alex. Dumas.* | 4 vol. |
| **Les vrais Mystères de Paris**, *par Vidocq.* | 7 vol. |
| **Mémoires d'une Somnambule**, *par J. Lacroix.* | 5 vol. |
| **Un mauvais Ange**, *par le même.* | 3 vol. |
| **Histoire d'une grande dame**, *par le même.* | 2 vol. |
| **Les Francs-Juges**, *par Emmanuel Gonzalès.* | 2 vol. |
| **Les sept baisers de Buckingham**, *par le même.* | 2 vol. |

Fontainebleau, imprimerie de E. Jacquin.

www.ingramcontent.com/pod-product-compliance
Lightning Source LLC
Chambersburg PA
CBHW060402170426
43199CB00013B/1966